Weiß (Hrsg.) · Bewegungsspiele mit Kindern

lw

Die Reihe »Praxisfeld Kindergarten«
wird herausgegeben von
Marianne Dittmann und Christian Büttner

Bewegungsspiele mit Kindern

Füße im Wind

Herausgegeben von Kersti Weiß
mit Beiträgen von Angelika Bärwinkel,
Hanne Seitz, Kristin Westphal und
Dorothea Zachert

Beltz Verlag · Weinheim und Basel

Über die Herausgeberin und die Autorinnen:

Hrsg.: Kersti Weiß: Jg. 1950, Diplom-Psychologin, Pädagogin, klinische Psychologin (BDP), Psychodramatherapeutin und Ausbilderin (DAGG), Supervisorin (DGSV) und Lehrsupervisorin, wissenschaftliche Fortbildungsreferentin im Deutschen Verein für öffentl. und priv. Fürsorge e.V. Tätigkeit in der Fort- und Weiterbildung von MitarbeiterInnen psychosozialer Berufe, Beratung und Supervision von Einzelnen, Teams und Organisationen.

Angelika Bärwinkel: Jg. 1951, Diplom-Pädagogin, Bewegungspädagogin, Dozentin in der Aus- und Fortbildung von Erzieherinnen, Ausbildung u.a. in integrativer Bewegungstherapie (FPI), Mitbegründerin des Zentrums für psychosoziale Beratung und kulturelle Förderung im Tagungshaus Rommert.

Hanne Seitz: Jg. 1952, Diplom-Pädagogin; langjährige Tätigkeit im Vorschulbereich, in der Aus- und Fortbildung von Erzieherinnen, Sozialpädagoginnen, Lehrerinnen; seit 1989 Mitarbeiterin am Institut für Kunstpädagogik der Universität Frankfurt; zur Zeit Arbeit an einer Promotion mit dem Titel »Räume im Dazwischen. Spiel, Bewegung und Inszenierung als ästhetische Praxis.«

Kristin Westphal: Jg. 1953, Grundschullehrerin, Bewegungspädagogin, langjährige Tätigkeit in der Fort- und Ausbildung von Erzieherinnen und Lehrerinnen, freie Arbeit mit den Schwerpunkten Stimme und Bewegung, Mitbegründerin vom discorso (alltag–stadt–kultur e.V.), eigene Tanz-Theater-Produktion.

Dorothea Zachert: Jg. 1951, Diplom-Pädagogin, integrative Bewegungstherapeutin (FPI), Heilpraktikerin, langjährige Tätigkeit in der Fort- und Ausbildung von Erzieherinnen, Bewegungs- und KindertherapeutInnen. Freie Praxis für Psychotherapie und Bewegung, Lehrtherapeutin am Fritz Perls Institut Düsseldorf.

Die Deutsche Bibliothek – CIP-Einheitsaufnahme

Bewegungsspiele mit Kindern : Füsse im Wind / hrsg. von
Kersti Weiss. Mit Beitr. von Angelika Bärwinkel ... -
Weinheim ; Basel : Beltz, 1994
(Beltz Praxis) (Reihe »Praxisfeld Kindergarten«)
ISBN 3-407-62189-2
NE: Weiss, Kersti [Hrsg.]; Bärwinkel, Angelika

Lektorat: Peter E. Kalb

Herstellung: Erich Rathgeber, Weinheim
Satz: Satz- und Reprotechnik GmbH, Hemsbach
Druck: Druckhaus Beltz, Hemsbach
Umschlaggestaltung: Atelier Warminski, Büdingen
Fotos: Monika Dirnfellner und Georg Kumpfmüller und von den Autorinnen
Printed in Germany

ISBN 3-407-62189-2

Der Band erschien zuerst mit dem Titel »Füße im Wind« im Burckhardthaus-Laetare Verlag, Offenbach, Christophorus-Verlag Herder GmbH, Freiburg i.Br.

Inhaltsverzeichnis

Vorwort

Ein Buch über Bewegung zu schreiben, ist kein einfaches Unterfangen.

Es heißt langes Stillsitzen hinter einem Schreibtisch statt im Grünen herumzulaufen, zu tanzen... und wie ist es möglich, Bewegung in Sprache zu bringen und Sprache beweglich zu halten?

Ist die Lust an der Bewegung im Sitzen und Schreiben vermittelbar und durch Lesen anregbar, ist das möglich? Vielleicht können Sie das am Ende der Lektüre entscheiden. Die Autorinnen haben sich auf diesen Hindernislauf eingelassen.

Anders als Kinder sind wir Erwachsene gewohnt, uns über Erkenntnisse und Wissen Neues zu erobern: So beginnt auch dieses Buch. Kenntnisse über kindliche Entwicklung vom Anfang bis zur Pubertät sind als Impulse gedacht, um Wissen und ein Gefühl dafür zu bekommen, was und wie etwas Kinder unterschiedlichen Alters bewegt.

Um sich gemeinsam mit Kindern auf eine Reise zur Entdeckung des eigenen Körpers zu begeben, brauchen wir als Erwachsene Anstöße, unsere Hemmungen zu überwinden. Die notwendige Aufmerksamkeit für sich selbst und die Kinder, hinsehen, hinhorchen und nachspüren sind Voraussetzungen und Fähigkeiten, die entwickelt werden können. Ist dies im pädagogischen Lebensalltag möglich, mit ›meinen‹ Kindern, unter den Bedingungen, unter denen ich lebe und arbeite? Wie fängt man das Ganze denn an?

Auf diese grundlegenden Fragen wird in dem Kapitel »Drunter und drüber« eingegangen.

Das Kapitel »Die Nase guckt zum Bauchnabel« gibt Informationen und vielfältige Spiel- und Übungsanleitungen für einzelne Körperteile im Zusammenspiel mit dem ganzen. Es ist nach Schwerpunkten geordnet, damit Sie sich leichter orientieren können. Die Anregungen sind in ihrer Reihenfolge nicht als Stundenabläufe gedacht, sondern lassen sich wahlweise miteinander kombinieren.

Die Grundidee ist, durch Erkennen und Entdecken von Körperstrukturen eine Haltung zu entwickeln, durch die der Körper nicht mehr einseitig belastet und angestrengt, sondern geschmeidig wird.

Am Ende angelangt, finden Sie ganze Bewegungsgeschichten, die gemeinsam mit Kindern entwickelt wurden.

Menschen sind keine Maschinen. So ist dieses Buch auch keine Betriebs- und

Reparaturanleitung. Jede Gruppe, jedes Kind, jede Situation hat ihre Besonderheit. Wenn Sie dies im Blick behalten, können Sie die Anregungen für sich und die Kinder sinnvoll nutzen.

In den meisten Übungen stellen sich die Autorinnen auf die Lebenswelt von jüngeren Kindern vom Kindergartenalter bis zu den ersten Schuljahren ein. Sie finden jedoch auch für Heranwachsende genügend Anregungen. Mit ein wenig Phantasie und Fingerspitzengefühl ist eine Übersetzung für jeweils andere Altersgruppen leicht möglich.

Jede der Autorinnen arbeitet seit langer Zeit mit Kindern, Jugendlichen, Eltern und Erzieherinnen. Die Arbeitsfelder, in denen die Ideen entwickelt und ausprobiert wurden, sind unterschiedlich: in der Kindertagesstätte, in einer Spielstube im sozialen Brennpunkt, in der Schule, in der Aus- und Fortbildung mit Erzieherinnen, in Gruppen mit Erwachsenen.

Dieses Buch ist nicht nur aus der praktischen Arbeit entstanden, sondern auch aus der Lust, sich selbst zu bewegen, zu spielen, sich zu üben und sich mit dem eigenen Körper zu beschäftigen. Langsam wurde dieses eigene Interesse auch zu einem Handwerkszeug und Schwerpunkt im Beruf.

Dabei hat jede aus den gemeinsamen Grundlagen ihre Eigenheiten und Spezialitäten entwickelt.

So ist dieses Buch auch für Sie gedacht. Als Bausteine, Kiesel und Sandkörner auf Ihrem eigenen bewegten Weg, auch für diejenigen, deren Beschäftigung mit Kindern *kein* bezahlter Beruf ist: für Mütter, Väter und andere Erwachsene.

Frankfurt 1984 — Kersti Weiß

Blick zurück nach vorne

Zehn Jahre sind seit dem ersten Erscheinen des Buches ins Land gegangen.

1984 steckten die Diskussionen und die Praxis ganzheitlicher Bewegungsförderung in den Kinderschuhen, alte Ansätze wurden neu entdeckt und Neues wuchs und verbreitete sich. Die Bedeutung von Bewegung in der physischen, psychischen und intellektuellen Entwicklung von Kindern hat sich bei Fachleuten, Praktikerinnen und Eltern herumgesprochen. Dazu hat das vorliegende Buch Wesentliches beigetragen.

In den zehn Jahren haben sich auch die Autorinnen und die Herausgeberin weiterentwickelt und spezialisiert in wissenschaftlicher, therapeutischer, künstlerischer Richtung und als Fortbildnerinnen. Sie haben ihr Wissen an eigenen Kindern im unmittelbaren Umgang erweitert und überprüfen können. Sind denn die Texte und Anregungen noch aktuell?

Sähe das Buch, wenn es von denselben Menschen heute neu geschrieben würde, möglicherweise ganz anders aus oder doch nicht?

Das Buch greift in seinen Gedanken und Beispielen zur Bewegung grundlegende Strukturen und Vorgehensweisen der ganzheitlichen Bewegungsförderung auf, die nicht an Aktualität verlieren. Das zeigt auch die bleibende Resonanz und Nachfrage aus Fachkreisen, von Menschen, die das Geschriebene ausprobiert haben. Es zeigt uns, daß das Vorhaben, mit einem Buch Menschen in Bewegung zu bringen, Neugier zu wecken, sich **mit** Kindern auf den Weg zu machen bisher gelungen ist.

Das hat uns ermutigt und bewegt, dieses Buch in nur leicht veränderter Form in einer neuen Reihe erscheinen zu lassen.

Viel Vergnügen beim Lesen und Tun!

Sommer 1994 Kersti Weiß

In Bewegung **sein**
In Be**weg**ung sein
In Bewegung sein
In **Bewegung** sein

...ist, Füße in den Wind halten, ein warmes Bad nach einer langen Reise, flüsternde Kinder in Mutters Kleiderschrank, nicht endende Kinderfragen danach, wie das Haus auf die Schnecke kommt, wie das Kind in Mutters Bauch entsteht oder wie man reich wird.

Bewegung ist, wenn ich mich auf den Kopf stelle; stehe *ich* Kopf oder die Welt um mich herum? Bewegung kann neue, andere Sichtweisen eröffnen. Gedanken können in Bewegung kommen, vielleicht... beim Lesen dieses Buches. Beweglichkeit kann verlorengehen. Wiederfinden kann sie, wer sich auf die Suche danach begibt.

Was wir, die Autorinnen, im Erleben von Bewegung und im Nachdenken darüber wiedergefunden und neu entdeckt haben, ist von uns aufgeschrieben, umgeschrieben, noch einmal neu geschrieben und schließlich zu diesem Buch geworden. Es ist ein Abschnitt auf unserem eigenen Weg der Beschäftigung mit Bewegung. Wir sind auf diesem Weg mal spazierengegangen, mal steil aufwärts gestiegen, mal haben wir Gipfel im leichten Flug erreicht, mal sind wir im Sturzflug im Tal gelandet, mal sind wir gestolpert, mal haben wir uns tanzend vorwärts bewegt.

Dieses Buch ist wie ein Haus, das wir an einer Stelle unseres Weges gebaut haben. Vielleicht gelingt es denen, die sich in Bewegung setzen und sich auf den Weg machen, sich darin wohlzufühlen und etwas daraus mitzunehmen, das ihnen *ihren* Weg erleichtert.

Wir danken all den Kindern, Jugendlichen und Erwachsenen, die mit uns und mit denen wir gespielt und uns bewegt, von denen wir und die von uns gelernt haben. Ohne ihre Anstöße wäre dieses Buch nicht denkbar.

Wir danken vor allem Katya Delakova, die uns neugierig gemacht und uns Einsichten in grundlegende Bewegungsprinzipien eröffnet hat.

Angelika Bärwinkel
Hanne Seitz
Kristin Westphal
Dorothea Zachert

Drunter und drüber

Hoch hinaus in die Welt

Wir werden immer größer

Bewegungsentwicklung und Lebensrealität von Kindern

Wir werden immer größer
jeden Tag ein Stück
wir werden immer größer
ist das ein Glück.
Große bleiben gleich groß
oder schrumpeln ein.
Wir werden immer größer
ganz von allein.

Wir werden immer größer
das merkt jedes Schaf
wir werden immer größer
sogar im Schlaf
ganz egal ob's regnet
donnert oder schneit.
Wir werden immer größer
und auch gescheit.

Wir werden immer größer
darin sind wir stur
wir werden immer größer
in einer Tour.
Auch wenn man uns einsperrt
oder auch verdrischt,
wir werden immer größer
da hilft nischt.

Auf der Platte: Grips Parade 2. Wagenbachs Quartplatte Nr. 18,
Verlag Klaus Wagenbach, Berlin Bamberger Str. 6

Am Anfang ist es klar. Aus *körperlicher* Lust entsteht etwas Neues. *Geistige* Befruchtung bringt Bücher, aber keine Kinder hervor. Auch in der Zeit der Schwangerschaft, der Geburt, der ersten Lebensjahre steht für Eltern und alle mit so einem Winzling beschäftigten Menschen das leibliche Wohlergehen im Vordergrund. Schon deshalb, weil alle Lebensregungen des Kindes sich unmittelbar über den Körper ausdrücken. Die Erwachsenen bemühen sich, aus Mimik, Bewegung, Lauten, Schreien... zu erfühlen und zu erraten, was ihr Kind braucht, was der Grund für Unbehagen ist, wie dem Schreihals Einhalt geboten werden kann. Je älter die Kinder werden, wenn sie sprechen können, ersetzen Erwachsene diese Art von Einfühlungsvermögen durch *hören* und *sehen*. Das ist weniger anstrengend.

Mit dem Größerwerden ist in unserer Lebenswelt eine Aufteilung von Körperlichem und Geistigem verbunden.

Auf dem Weg zum Erwachsenwerden bestimmen körperliche Fähigkeiten und Ausdrucksweisen Anerkennung und soziale Billigung, Handlungsweisen, das Gefühl zu sich und anderen gegenüber werden durch sie beeinflußt.

Das Folgende ist ein Versuch, durch Informationen, auf die körperliche Entwicklung, die Entdeckung der Welt und der eigenen Person aufmerksam zu machen.

»Man ist sich darüber einig, daß das Kind die Welt nur aktiv bemeistern, erkennen und verstehen kann, indem es die Fähigkeit entwickelt, sich... zielstrebig zu bewegen.« (Bettelheim, »Liebe allein genügt nicht«)

Beim Beobachten von Kleinstkindern wird deutlich, daß die Bewegung eine ihrer grundlegendsten Lebensäußerungen ist. Durch Bewegung erobert sich das Kind die Welt. Das kreisende Mobile, der rollende Ball, das zerknitterte Papier ziehen das Kind magisch an: je mehr sich ein Ding bewegt, um so mehr bewegt es das Kind, löst Lust oder Unlust aus, weckt das Bedürfnis nach Beschäftigung, nach Spiel. Körperliches Wachstum ist zwar ein natürlicher Prozeß, aber ohne Anregung und Zuwendung gibt es keine *Entwicklung*.

Aus dem sicheren, nährenden und wärmenden Bauch der Mutter heraus, ist ein Kind mit sehr viel Neuem konfrontiert. Es stellt seinen Körper auf die neuen Bedingungen der Umwelt ein: die verschiedenen Temperaturen, Lichtunter-

schiede und Geräusche und auf selbständige Funktionen Atmen, Nahrungsaufnahme und Ausscheidung.

Auch wenn es dies noch nicht bewußt merkt, ist das Kind mit Raum und Zeit konfrontiert. Es fühlt Nähe und Ferne, spürt die Zeit und ihren Rhythmus, hört die Umwelt und beginnt zu sehen. Mit seinen Äußerungen, Schreien, Saugen, Greifen, Strampeln, bewegt es die Erwachsenen und ist auf ihre Antworten angewiesen.

Die sinnliche Wahrnehmung ist in den ersten Lebensmonaten vor allem eine körperliche Aktivität. Es greift und begreift sich und »seine« Welt, mit den Händen, dem Mund, der Haut... Es lernt den Kopf zu heben und zu drehen, um etwas zu sehen und zu hören.

Das Kind interessiert sich für seine Umwelt, und die Umwelt liefert den Grund für die tätige Auseinandersetzung mit dem Lebensraum.

Im Laufe der ersten Lebensjahre lernt das Kind, seine Muskulatur zu kontrollieren. Bevor ein Kind seinen Kopf nicht halten kann, wird es nicht krabbeln und sitzen können. Die erste Form der Fortbewegung ist das Rollen und Rutschen, meist in der Bauchlage. Das Becken liegt noch am Boden, und es dauert einige Zeit, bis das Kind seinen Rumpf unter Kontrolle hat. Das selbständige Sitzen ist der erste Durchbruch, weil die Hand frei ist und der Blick schweifen kann. Es beginnt, aus der Bauchlage heraus das Becken und mit ihm den gesamten Rükken zu heben. Durch das Kriechen auf allen Vieren kräftigt sich die Muskulatur der Beine und Arme.

Der Wunsch, vom Boden wegzukommen, ist unermeßlich: das Kind dreht und wendet sich, streckt und beugt seinen Körper, zieht sich an allem hoch und versucht, auf seinen noch schwachen Beinen und Füßen zu stehen. Zunächst erfolglos, fällt es meist nach hinten. Der Tag, an dem das Kind frei stehen und vielleicht sogar ein paar Schritte tun kann, ist einer der wichtigsten im Leben.

Die Beherrschung des aufrechten Ganges und das Freiwerden der Hände ist eine Errungenschaft, die in der Natur nur dem Menschen möglich ist. Die Füße weit auseinander, die Zehen nach außen gerichtet, die Knie zusammen, die Arme ausgebreitet, Kopf und Rücken etwas vornüber, versucht das Kind, sein Gleichgewicht zu finden. Die deutlich sichtbare »Überproduktion« von Bewegung zeigt den Versuch, den Körper in jeder Lage auf die jeweiligen Bedingungen neu einzurichten.

Mit diesem Prozeß ist die erste Phase der kindlichen Entwicklung abgeschlossen.

Das Kind kann tapsig, aber selbständig auf zwei Beinen gehen und sich so zielgerichtet auf die Umwelt zubewegen. Die Erwachsenen sind nicht mehr für jeden Schritt und Wunsch notwendig. Es hat angefangen zu sprechen. Mit diesen Schritten zur Selbständigkeit beginnen kleine Abgrenzungsversuche von den Eltern. Der Stolz, wenn sie die Großen nachmachen, selbst essen lernen, langsam keine Windeln mehr brauchen, nein sagen können, ist spürbar.

Mit Neugier werden Gegenstände und Menschen untersucht, befühlt, besichtigt, berochen, behandelt und schließlich begriffen. Durch die körperliche, sinnliche Erfahrung mit den Dingen entwickelt das Kind Bilder vom Ganzen. Kann es z.B. auf und unter einen Tisch gucken, weil es ihn oben und unten befühlen und sehen kann, begreift es langsam, daß es *ein* Gegenstand ist. Je selbständiger ein Kind laufen und sich *fort*-bewegen kann, desto größer wird sein Erfahrungsbereich. Unermüdlich erproben die Kinder neue Bewegungsmöglichkeiten: klettern, steigen, laufen, springen, fangen, werfen, tragen, balancieren, hängen, schwingen, ziehen, schieben.

Der erste schnelle Wachstumsschub ist vorüber. Sie lernen allmählich, ihre Bewegungsfunktionen zu koordinieren. Anfänglich noch unbeholfen und langsam, verfeinern sich diese Bewegungsformen. Bewegungen werden kräftiger, schneller, großräumiger und dynamischer. Alles, was sie neu entdecken, ist aufregend, aber vieles auch ängstigend. Sie können Zusammenhänge zwischen Ereignissen noch nicht sehen, und alles, was sie hören, halten sie für wahr. Es ist eine äußerlich und innerlich sehr bewegte Zeit, wenn die Kinder anfangen, ein Bild von sich selbst zu entwickeln und zwischen sich und ihrer Umwelt unterscheiden lernen. Dazu gehören für die Kinder Möglichkeiten, draußen Erfahrungen zu sammeln, ohne daß sie auf Schritt und Tritt von ihren Eltern abhängig sind, weil vor der Haustür eine gefährliche Straße ist, die Wohnung im 13. Stock liegt... Alles was sie dort erleben, entdecken und gesehen haben, wird nachgespielt und ist für sie eine eigene Welt. Mit viel Ausdauer beschäftigen sie sich alleine und zusammen mit anderen Kindern mit dem, was sie bewegt. Für diese kleine Welt ist dann nicht entscheidend, wie groß der Raum zum Spielen ist, wenn er nicht von den Erwachsenen mit Ge- und Verboten vollgestopft ist.

Im Kindergartenalter wachsen die Kinder in ihre Gruppe hinein. Sie haben gelernt, »ich« zu sagen, d. h. sich getrennt von anderen Personen ihrer Umwelt wahrzunehmen. Durch neue Anregungen und das Zusammensein, den Vergleich mit anderen Kindern entwickeln sie in vielen Bereichen neue Fertigkeiten.

Sie lernen, ihre Stimme besser zu koordinieren. Können z. B. mit Papier und Schere umgehen, erst noch unbeholfen, aber mit der Zeit immer genauere Formen schneiden, kleben und malen. Bei aller Freude am freien Spielen haben sie doch großen Spaß an Regelspielen, an etwas, das sich in überschaubarer Art wiederholt, das sie auch in ihrer Körperbewegung wiedererkennen, z. B. Ball- und Hüpfspiele.

Sie fühlen sich schon groß und phantasieren, was sie alles tun, wenn sie so groß sind wie ihre Eltern. Sie denken nach über einen Beruf, über das Kinderkriegen, über Heiraten. Sie sind fasziniert von der Welt der Erwachsenen und ahmen alles nach, was sie dort sehen. Sie *sind* dann der Baggerführer, die Mutter, der Schaffner, der Pfarrer... und Stühle, Tische, Tücher, Holze, Puppen... sind Bagger, die Wohnung, der Altar, die Kinder...

Erst im Laufe der weiteren Entwicklung können sie Phantasie und Realität auseinanderhalten. »Ich *wär* jetzt mal die Prinzessin und du *wärst* der König.«

Der Schuleintritt leitet eine neue Phase ein. Die meisten Kinder genießen diesen Schritt zunächst. Aber bald reagieren viele auf die umweltbedingte Behinderung ihres Bewegungsdranges mit Zurückgezogenheit, Unruhe, Reizbarkeit und Aggression.

Lernen wird zunehmend unter dem ausschließlich kognitiven Aspekt gesehen. Die körperliche Betätigung gilt höchstens als Ausgleich, als »Freizeitbeschäftigung« oder im Sportunterricht zum Erwerb von bestimmten leistungsorientierten Fähigkeiten, auf dem Schulhof zum Austoben, damit das Stillsitzen und Zuhören in der Klasse leichter fällt. Die Erfahrungen ganzheitlicher Wahrnehmung tritt zurück, der Körper wird in seinen Ausdrucksmöglichkeiten eingeschränkt. Schreiben, Rechnen, Singen und Sprechen geschehen in der Regel sitzend und eingeengt in den Stundenplan eines schulischen Alltags. Oft sind die Kinder auch in ihrem körperlichen Tun von Leistung bestimmt.

Das kontinuierliche und langsame Wachsen des Körpers in diesem Alter schafft Sicherheiten und Vertrauen in den Körper. Das Kind erlebt sein Größen- und Längenwachstum meist positiv. Das Älterwerden und Wachsen gilt als Schlüssel zur Erwachsenenwelt und ihren »verbotenen« Türen.

Die Kinder lernen, sich und ihren Körper immer besser einzuschätzen, und entwickeln individuelle Fähigkeiten und Fertigkeiten, mit den Bedingungen ihrer Umwelt umzugehen und durch sie Anerkennung zu gewinnen.

Im Bewegungsverhalten zeigt sich nicht nur Kraft und Ausdauer, auch qualitative Eigenschaften werden sichtbar: Elastizität, Harmonie, Ausdruck, Koordination, Sinn für Zusammenhänge und Verbindungen – Bewegungen werden flüssiger.

Bedeutet die Einschulung und die frühe Schulzeit vor allem eine Veränderung und Verunsicherung in sozialer Hinsicht, so kommen in der beginnenden Pubertät – etwa zwischen 9 und 11 Jahren – Erfahrungen und Probleme anderer Art hinzu. Der Körper beginnt, sich erheblich zu verändern.

Das langsame und gleichmäßige Wachsen in der Kindheit weicht einem schnellen Wachstumsschub, der ungleichmäßig verläuft. Hände und Füße wachsen z. B. früher zu ihrer vollen Größe als Arme und Beine, die Nase früher als Mund und Kiefer, Arme und Beine schneller als der Rumpf. Der Körper befindet sich in einem Zustand von »Unausgewogenheit« und »Unverhältnismäßigkeit«. Die erworbene Fähigkeit, den Körper zielgerichtet zu steuern und einzusetzen, geht verloren. Es fällt den Kindern schwer, ihren »neuen« Körper zu beherrschen. Der typische schlaksige Gang, die körperlichen Ungeschicklichkeiten werden durch die unverhältnismäßige körperliche Entwicklung bestimmt. Von der Umwelt oft mißverstanden und negativ gewertet, wird ihnen Faulheit und Distanz vorgeworfen: »Zwei linke Hände und nur Flausen im Kopf«.

Nicht nur die Körpermaße und -proportionen verändern sich. Neben der Reifung der primären Geschlechtsorgane treten Veränderungen im Körper auf, die oft Scham, Peinlichkeit und Verunsicherung mit sich bringen: Haarwuchs, Stimmveränderung bei den Jungen, Entwicklung der Brüste und des Beckens bei den Mädchen. Dies hat einen enormen Einfluß auf die psychische Entwicklung. Ruhelosigkeit, körperliches Unwohlsein, Verwirrung und Unsicherheit führen zu einem Verhalten, das nicht vorhersehbar und launisch wirkt.

Beunruhigung über den sich verändernden Körper und die Meinungen anderer dazu bestimmen Gedanken und Verhalten. Die Beziehungen in den sozialen Gruppen werden labil. Gedanken über die Familie und über das andere Geschlecht, über soziale Erwartung und Druck, über die Fähigkeit oder Unfähigkeit, sich wie ein Erwachsener zu verhalten, bestimmen diese Lebensphase.

Ist die Kindheit geprägt durch die Freude, endlich »erwachsen« zu werden, so stellen die Kinder nun fest, daß dies eine schwierige und mit Spannungen verbundene Angelegenheit ist. Der schnelle körperliche Prozeß hinterläßt seine Spuren – die psychische Reifung erfolgt viel langsamer.

Die kindliche Mühelosigkeit und Leichtigkeit in der Bewegung läßt nach. Das ungehemmte und übersteigerte Austoben – die Bewegungsfreude allgemein – weicht der Trägheit, der Unlust, der inneren Ablehnung. Die Probleme, die diese Lebensphase mit sich bringen, lösen häufig körperliche Verkrampftheit und Kontrolle aus. Auf der anderen Seite gibt es gerade in diesem Alter Kinder, die mit diesen Verunsicherungen anders umgehen und sich fast übertrieben mit ihrem Körper und der Steigerung seiner Leistungsfähigkeit auseinandersetzen.

Mit Eifer, einem hohen Kraft- und Zeitaufwand wenden sie sich einer bestimmten Sportart zu, trainieren nach vorgegebenen Normen und strukturierten Angeboten des Leistungssports. Eine solche einseitige körperliche Beanspruchung läßt das spielerische und phantasievolle Moment von »Bewegung« weitgehend beiseite. Das zuletzt genannte geht bei körperlicher Unterforderung durch Bewegungsarmut und -unlust ganz verloren – ein Problem, daß wir als Pädagoginnen sehen und berücksichtigen müssen.

Das kann ich auch

Die Erzieherin in Bewegung

Nicht nur Kinder haben Spaß an der Bewegung oder sollen ihn wiederentdecken. Auch für Erwachsene lohnt es sich, sich auf die Suche zu machen. Für die Bewegungserziehung wirkt sich die eigene Einstellung unmittelbar auf die Arbeit mit Kindern aus. »Ich lasse die Kinder turnen«, »Ich stehe daneben«, berichten Erzieherinnen aus ihrer eigenen Praxis. Eine andere begründet dies so: »Ja, die Kinder leben noch viel mehr mit ihrem Körper, drücken sich damit aus. Das akzeptier' ich auch. Ich aber lebe über die Sprache und will diese Ebene beibehalten – auch beim Turnen – und mich nicht herunterbegeben. Meine Stärke ist, reflektieren zu können, Sprache zu beherrschen.« Beim genauen Nachfragen verbarg sich dahinter die persönliche Einstellung von Bewegung, nämlich: »Ich kann mich nicht so gut bewegen. Also mache ich es erst gar nicht. Ich kann nur was vormachen, was ich selbst gut kann!« Nicht können wird als Autoritätsverlust verstanden. Also bevorzugt die Erzieherin die Sprache als Medium.

Warum sollen nicht auch Kinder erfahren, daß man als Erwachsener genauso übt und probiert wie sie selbst? Wesentlich ist doch das Interesse an einer Bewegung und nicht die Frage, wer sie bereits beherrscht. ErzieherInnen sind keine SportlehrerInnen. Hier liegt nicht nur ein Mangel, sondern eine Chance, einen ganzheitlichen Weg der Bewegung mit Kindern zu finden: Eigene Bewegungserfahrung und neugieriges Entdecken statt leistungsorientiertem Denken und Festhalten an der eigenen Unlust sind wichtige Voraussetzungen.

Suche ich nach neuen Möglichkeiten, oder traue ich mir nur das zu, was ich immer schon konnte. Wie erobere ich mir neue Bewegungsmöglichkeiten und -räume? Werde ich nie wieder Rollschuhlaufen und meinen verlorenen Fähigkeiten nur nachtrauern?

Schlank und sportlich, das sind Schönheitsideale unserer Zeit, denen aber viele nicht entsprechen. Das ist ein Grund für die Scham, sich zu »exponieren«, den Körper auch in seiner Unförmigkeit, Ungelenkigkeit zu zeigen. Hierzu ein Beispiel aus unserer Praxis: Eine Gruppe von Erzieherinnen bekommt die Aufgabe, Kinder in ihrem »Bewegungstun« zu beobachten – z. B. bei der Brücke. Beim nächsten Treffen gibt es Rückmeldungen: »es gibt Kinder, die sind total steif« oder »sie bewegen sich wie ihre eigene Großmutter« oder »das ist alles Vererbung – mit der Gelenkigkeit und so«. Auf unsere Frage, warum das eine

Kind beweglich empfunden wird und das andere nicht, weiß niemand so recht zu antworten.

Die Erzieherinnen können sich daraufhin selbst beobachten: welche Klischees und Bilder haben sie von ihrem Körper, ihrer Haltung, ihrer Bewegungsfähigkeit? »Ja, du bist zierlich, hast lange Beine, ein schmales Becken, bist schlank.« Schon diese Voraussetzungen scheinen Kriterien für Beweglichkeit und Anmut zu sein. Ein kräftiger Körper – gar noch mit kurzen Beinen – hat von vornherein keine »Chance«. Bewegung und Beweglichkeit wird mit »Können« beschrieben. In den Diskussionen wird klar, daß die Brücke, Rolle vorwärts, Radschlagen, Handstand gängige Statussymbole für »sportliches Können« und damit auch für Beweglichkeit sind.

Wir haben meist gelernt, daß es um das möglichst perfekte Produkt geht, nicht aber um den Bewegungsablauf und um die körperliche Bewegung als Erfahrung, Entwicklung und Weg.

Am Beispiel der Brücke wurde dies deutlich. Die Frauen probierten aus. Egal, wie man dorthin kam, beurteilt wurde das Bild der geglückten oder mißlungenen Brücke. Viele stemmten sich mit Verspannungen in Hals und Armen in den Boden und hatten Schwierigkeiten, das Gewicht des Körpers vom Boden wegzuheben.

Zugegeben: ein Körper in der Brücke zu sehen ist durchaus ein »ästhetischer« Anblick. Aber darum geht es hier nicht, vielmehr um den *bewegten Körper*. Es geht um die Erfahrung, daß sich die Wirbelsäule abrollen kann, daß der Nacken lang wird und das Brustbein gehoben werden kann, daß der Rumpf sich durch die Beckenbewegung Richtung Füße vom Boden hebt. Sich so in die Brücke zu begeben, war ein neuer Zugang zu sich selbst, ein *Körpererleben*. Ob der Körper nun einen kurzen oder langen Rumpf, kurze oder lange Beine hat, jede versuchte an dieser Übung ihre eigene Ökonomie zu finden, den Körper zu verstehen und entsprechend zu organisieren.

Um es noch einmal zu sagen: Ziel *unserer* Arbeit ist der »Körperweg«, der organische Bewegungsablauf. Die Entdeckung der Beweglichkeit und die Lust an ihr geben Vertrauen und Gefühl für den eigenen Körper – dazu ist kein sportliches Können notwendig.

Wie fange ich das Ganze an

Beobachten und Mitmachen

Bewegungserziehung in Kindergarten und Schule beschränkt sich häufig auf eine mehr oder weniger regelmäßig durchgeführte Turn- oder Sportstunde. Meist wird sie in die Hand von »Spezialisten« gegeben: von denjenigen, die Spaß und Freude an der Bewegung haben. Nur wenige trauen sich, »Bewegung« in den pädagogischen Alltag zu integrieren. Woran liegt das? Im vorangegangenen Abschnitt ist versucht worden, diese Frage zu beantworten. Unsere eigenen Erfahrungen von Sport und Bewegung prägen die Haltung den Kindern gegenüber. Turnen und Sport ist schon immer leistungsbezogen gewesen: das vorzeigbare Produkt, das körperliche Können stehen im Vordergrund. Wirklich lustvolle Bewegungsangebote und körper*freundliches* Turnen gibt es selten.

Mit diesem Buch möchten wir zweierlei erreichen: erstens, daß der Bewegungsdrang von Kindern im Sinne einer spielerischen Erfahrung gesehen und genutzt wird, und zweitens, daß ErzieherInnen ihr eigenes Bewegungsbedürfnis mit den Kindern zusammen wiederentdecken.

Nehmen Sie sich ein wenig Zeit und beobachten Sie Kinder in ihrem Bewegungsverhalten. Im spielerischen Tun entwickeln Kinder eine Vielfalt von Bewegungen, einen Reichtum, den wir als Erwachsene nicht mehr erreichen können, sind wir auch noch so »geschult«. Schwierige Bewegungsfolgen für Erwachsene basieren oft auf Bewegungen, die man bei Kindern sehen kann, z. B. bei der »Katze« (siehe Kapitel: »Die Katze schleicht«) eine Folge, die vermutlich dem indischen Yoga entstammt. Diese Bewegungen sind den Kindern selten bewußt; sie entwickeln sie meist von alleine in der Auseinandersetzung mit sich und der Umwelt. Der Säugling braucht Monate, um Rumpf und Rücken zu stärken, zu drehen, zu strecken, zu beugen, die Muskulatur unter Kontrolle zu halten, bis er ohne fremde Hilfe sitzen kann. Kinder vergessen diese »Übungen«, weil wir Erwachsene keinen Wert darauf legen. Das sitzende Kind wird gelobt und der *gerade* Rücken; die Windungen und Wellen, Kontraktionen und Streckungen, die dazu geführt haben, interessieren nicht mehr. Gerade die sind es aber, die die Beweglichkeit erhalten – die später in der Krankengymnastik oder Bewegungstherapie als »Heilübungen« wieder auftauchen.

Es ist keinesfalls ironisch gemeint, wenn wir sagen, daß eine Erzieherin oder Pädagogin in der vorteilhaften Situation ist, lebendiges »Anschauungsmaterial« zu haben. Wir haben die Chance, die Kinder »bewegt« zu sehen. Wenn wir

lernen hinzuschauen, können wir von ihnen oftmals mehr als aus Büchern lernen. Deshalb ist dieses Buch auch an die gerichtet, die von sich behaupten, »das kann ich nicht«. Es will kein Lehrbuch sein, sondern Anregungen geben. Was dann passiert, hängt von Kindern *und* Erzieherinnen ab... Der pädagogische Alltag enthält Ideen, die darauf warten, gesehen und verwendet zu werden. Ein erster Weg, »das Ganze anzufangen«, ist das Hinschauen: die Kinder beobachten und wahrnehmen, ihre Bedürfnisse nach Bewegung erkennen, sehen, *warum* sie eben in einer bestimmten Situation gerade dies tun, *wie* sie ihr Bewegungsbedürfnis ausleben und *was* sie tun. Geben Sie den Kindern z.B. ein Material (Seile oder Tücher), und sehen Sie, was die Kinder damit tun, was sie entdecken und wie sie es ausprobieren. Nehmen Sie sich selbst ein Seil, und probieren Sie aus... springen, darüber hüpfen, Formen legen, Straßen bauen, jemanden ziehen, Schlange damit spielen, Geräusche machen, etwas zusammenbinden... Achten Sie darauf, welche Bewegungsformen und Bewegungsflüsse die Kinder entwickeln, wie sie mit ihrem Körper dabei umgehen. Es geht nicht darum, daß Erzieherinnen oder Spielleiterinnen den Kindern etwas vormachen, ihnen Anweisungen geben, wie sie etwas auszuführen haben. Es ist ein wesentlicher Unterschied, ob ich etwas vormache oder die Kinder *animiere*. In der Regel besteht unsere Aufgabe darin, die Kinder so anzuleiten, *daß sie es selbst herausfinden*. In bestimmten Situationen kann es natürlich notwendig sein, etwas zu zeigen. Es sollte aber nicht zum grundsätzlichen Prinzip werden.

Durch Anregung und Zuspruch, durch Spaß und Freude entdecken Kinder; einzelne Ideen können herausgegriffen und mit allen ausprobiert werden.

Ebenso wie die Kinder durch beobachten, imitieren und im Rollenspiel von uns Erwachsenen lernen, können wir auch von ihnen lernen und uns dabei ein Stück von dem zurückerobern, was in Vergessenheit geraten ist. Wir können unseren Spaß an der körperlichen Bewegung wiederentdecken und verhindern, daß die Kinder ihre Fähigkeiten wieder verlernen und vergessen. Dabei sollten wir unser Augenmerk nicht nur auf die gelungensten, phantasievollsten, schönsten Bewegungen legen, auch durch Fehlhaltungen und »eingeschränkte« Bewegungen können wir lernen. Balancieren Sie mit der Gruppe über ein Seil. Zuerst werden die Schultern hochgezogen und die Arme fest an den Oberkörper gepreßt; danach nimmt jeder einen Stock oder eine Stange in die Hände. Wie wird der Unterschied empfunden? Durch solch einen Versuch werden Steifheit, Verkrampfung oder Unbeweglichkeit nicht nur bewußt, wir können auch erleben, welche Auswirkungen sie auf unser gesamtes Ausdrucksvermögen haben.

Beobachten, Mitmachen, Ausprobierenlassen, Herausgreifen, Wiederholen, Variieren – das sind die Prinzipien einer gelungenen Bewegungserziehung, einer bewußten Förderung von Bewegungsabläufen, einem spielerischen »Körperlernen«. Die Voraussetzung hierfür ist jedoch, daß wir uns auf die Ebene der Kinder begeben. Das ist nicht nur symbolisch gemeint, sondern ganz konkret: sich auch einmal auf den Boden legen und die Blickebene der Kinder annehmen, rollen, springen, sich in eine Phantasiewelt begeben, sich auch körperlich annähern, anfassen, raufen, trösten und umarmen...

Auch Wut will bewegt sein

Der pädagogische Alltag

In den vorangegangenen Abschnitten ist deutlich geworden, daß Bewegung entscheidend für die Persönlichkeitsentwicklung von Kindern ist. Unsere Gesellschaft bietet jedoch wenig Möglichkeiten, Bewegung frei auszuleben. Die einschränkenden Bedingungen werden nicht hinterfragt, und so wird von klein auf das Bewegungsbedürfnis gelenkt.

Ausgegrenzt aus dem Alltag wird Bewegung zur motorischen Abfuhr, zum Abbau von Aggressionen und Ausleben emotionaler Zustände eingesetzt. Enge häusliche Wohnverhältnisse, Ruhebedürfnis gestreßter Erwachsener, große Gruppen und enge Räumlichkeiten in Kindergarten und Schule scheinen die Notwendigkeit von Ruhe und Ordnung zu erzwingen. Der vorbedachte und zielgerichtete Umgang mit den Dingen und Menschen wird zum Erziehungsziel schlechthin.

Schauen wir uns die Kinder einmal an. Ihr Bewegungsverhalten, sei es überschwenglich oder zurückgenommen, erzählt uns etwas. Der Erziehungsprozeß und die gesellschaftlichen Bedingungen hinterlassen ihre Spuren. Ob im Freien, auf der Treppe, im engsten Zimmer, im Flur, im Klassenzimmer, im Restaurant, auf dem Klo – Kinder könnten ihren Bewegungsdrang eigentlich überall ausleben. Doch werden sie dazu erzogen, hier nicht zu kämpfen, dort nicht zu hopsen, nicht zu raufen, nicht zu rennen... Ihr Körper verlernt langsam, sich auszudrükken; der Kopf erklärt, schafft Verständnis. Und doch ist es der Körper und seine Sinne, die sich unmittelbar äußern, und dies auch dann, wenn der Kopf längst Einsicht geboten hat.

Es gibt viele Situationen, in denen Ängstlichkeit, Zurückgezogenheit, Überdrehtheit und auch Aggression im Vordergrund stehen. Ein Beispiel dafür ist der berühmte Montag. Nach dem Wochenende zu Hause sind die Kinder oft unruhig, schlecht gelaunt oder voller Erzähl- und Bewegungsdrang. Jeden Montag erobern sie sich die Schule oder den Kindergarten als »Erlebensraum« zurück.

Im folgenden werden Möglichkeiten aufgezeigt, wie Sie diese Situation spielerisch aufgreifen und die Kinder ein klein wenig aus ihrer »Haut« locken können. Situationen können »bewegt« und durch die körperlichen Ausdrucksmöglichkeiten der Kinder verarbeitet werden.

Wut und Aggression

Zwei Kinder steiten sich, sie können sich einigen und doch zeigen ihre Körper noch Ausdruck von Wut, Verzweiflung und Ohnmacht. Manche Kinder richten ihre Wut nach innen, belassen sie im Körper. Andere lassen sie an der kleinen Schwester ab oder es ist das Tretauto, das zerstört wird...

Unsere eigene Angst vor Wut ist es oftmals, die ein Eingreifen bestimmt, und den Wunsch, den Konflikt so schnell wie möglich beizulegen. Auch wenn es uns zunächst mehr Nerven und Verunsicherung kostet, sollten wir den Kindern mehr Raum und Zeit geben, sich wirklich zu streiten. Vielleicht greifen andere Kinder ein? Vielleicht ist es lösbar? Ursache ist meist eine heftige Verletzung des Selbstwertgefühls, ein Ausdruck von Mißachtungs- und Unterlegenheitsgefühlen. Im Streit messen die Kinder ihre Kräfte, meist gibt es einen Sieger und einen Verlierer.

Ringkampf: Wir stellen Spielregeln auf. Wie bei einem Ringkampf schauen die anderen zu; es gibt einen Schiedsrichter... und alle passen auf, daß die Regeln eingehalten werden. Auf diese Weise wird der private Charakter des Streits aufgehoben und als »Spiel« in die ganze Gruppe integriert.

Mitkämpfen: Die Spielleiterin oder Erzieherin kämpft selber mit. Sie mischt sich in den Streit ein, so daß sie die Wut der Kinder auf sich selbst richtet. Das

Mitkämpfen kann ein Weg sein, das verlorene Selbstwertgefühl wiederherzustellen: körperliche Nähe und der Wunsch nach Geborgenheit.

Trommelduell: Die beiden streitenden Kinder bekommen je eine Trommel und stehen in dem Kinderkreis weit voneinander weg. Ziel ist es nun, auf die Trommel des anderen zu schlagen. Die beiden Kinder schauen sich in die Augen, trommeln auf ihrer Trommel und gehen so aufeinander zu. Die eigene Trommel darf überall – dem versuchten Zuschlag des anderen – ausweichen, nur darf sie nicht hinter den Rücken gehalten werden. Die Zuschauer sind aktiv dabei und achten darauf, daß die Regeln eingehalten werden.

Achtung, los und stopp: Aus verschiedenen Ecken rennen zwei Kinder aufeinander los... im letzten Moment halten sie in einer »Kampfhaltung« direkt voreinander an... gehen aneinander vorbei in die andere Ecke. Sie schauen sich an, die Spannung wächst... und sie rennen wieder los, bleiben voreinander stehen usw. Ihre Augen, ihr Körper, ihre Haltung kann Wut zeigen, aber diese friert sozusagen ein. Die Kinder dürfen sich niemals wirklich anstoßen oder berühren – das ist die Spielregel.

Es gibt Kinder, die sich den Vorschlägen von anderen nicht unterwerfen wollen, immer etwas anderes tun und die Gruppe in ihrem Spiel stören. Das Kind sagt uns: »So wie ihr es macht, paßt es mir nicht.« Solche Kinder haben oft wenig eigene Vorschläge oder sie fühlen sich nicht stark genug, diese einzubringen. Sie wollen jedoch beachtet werden. Auch wenn es an den Ursachen und Bedingungen dieser oder jener Verhaltensweise von Kindern wenig verändert, können kleine Schritte mit einem Griff in die *»pädagogische Trickkiste«* aktuell hilfreich sein.

Rollenspiel: Man kann ein Rollenspiel* zum Thema »stören« machen: wie stört jemand, was soll gestört werden – vielleicht wird dabei auch sichtbar, warum jemand stört. Was macht ein Kind, das stört: schreien, dazwischen»funken«, kaputtmachen...? Wie verhalten sich Kinder, die gestört werden: gehen sie auf den »Störer« ein oder lassen sie ihn links liegen?

Störspiegel: Die Kinder machen das störende Kind nach, als ob es vor einem Spiegel stehen würde. Der Spiegel kann aber verzerren und aus dem »Störer« ein kleines Lamm oder eine wilde Bestie machen...

Vielleicht kann der »Störer« zaubern? Er raubt den Kindern ihre Sprache, ihre

* Das Rollenspiel eignet sich in besonderer Weise zum Ausleben von Konflikten. Durch das Spielen wird die Kluft zwischen Wirklichkeit und Wunsch, zwischen »Sein« und »gespieltem Sein« auslebbar. Ein Kind, dessen reale Wut immer in Ohnmacht steckenbleibt, kann sich im Rollenspiel Bedingungen schaffen, unter denen diese Wut ausgedrückt, lebbar und verarbeitbarer wird. Natürlich setzt das Rollenspiel eine gewisse Abstraktionsfähigkeit voraus. Kleine Kinder müssen erst lernen, zwischen Wirklichkeit und Spiel unterscheiden zu können.

Töne, vielleicht sogar ihre Bewegungen. Die Kinder müssen sich etwas einfallen lassen, damit sie sich das »Geraubte« zurückholen können.

Töne klauen: Vielleicht klauen die Kinder dem störenden Kind die Töne. Dies darf dann weiter stören, aber ohne einen Ton von sich zu geben. Auf ein Zeichen (Trommel oder grüne Karte) ist die Sprache wieder da, auf ein anderes Zeichen (Trommel oder rote Karte) ist sie wieder weg. Das kann sich zu einem spannenden Spiel entwickeln.

Knatschwettbewerb: Kinder sind häufig mies gelaunt, suchen hier und da Anlässe zum Streit – sie sind »knatschig«. Man veranstaltet den Knatschwettbewerb. »Achtung, Vorhang auf... Meine Damen und Herren, mein verehrtes, hochgeachtetes Publikum, Sie sehen nun den allerknatschigsten Menschen der Welt, hier bei uns zu Gast: Robert-Rrrruuh.« Ein Kind nach dem anderen spielt die Rolle des »Knatschers« (oder des »Wüterichs« oder des »Besserwissers« – je nach Situation, die aufgegriffen werden soll).

Was machen wir mit Kindern, die uns kaum auffallen, die zurückhaltend in der Ecke sitzen, die von den anderen nicht anerkannt werden? Wie können sie motiviert werden, aus sich herauszugehen? Sogar bei ruhigen Spielen sitzen diese Kinder oft dabei und schauen zu. Jedes Kind hat seine starken Seiten. Vielleicht malt es gerne und beschäftigt sich damit am liebsten den ganzen Tag, oder es baut immer Türme und Straßen...

Es ist nicht schwer, diese Stärken aufzugreifen und sie in andere Ausdrucksformen zu integrieren – etwa in die Bewegung.

Bilder bewegen: Ein gemaltes Bild kann bewegt und getanzt werden. Vielleicht gibt es Formen auf dem Bild, die der Körper ausdrücken kann, oder die in Bewegung umgesetzt werden können. Farben drücken Stimmungen aus – ein gemaltes Bild kann »stimmungsmäßig« gestaltet werden...

Bewegung malen: Anstatt Tiere zu malen, malen wir einmal die Bewegungen oder Geräusche, die ein bestimmtes Tier macht. Welche Farben assoziieren wir zu bestimmten Tieren... machen sie große, schwere Bewegungen und Schritte oder kleine, leichte?

Körper bauen: Zum Bauen braucht man nicht immer Legosteine oder Klötze. Auch der Körper kann »Baumaterial« sein. Jeder baut sich selbst, den Partner, einer baut eine ganze Gruppe. Mann kann Landschaften, Straßen, Maschinen bauen. Das gebaute »Menschenbild« kann sich entsprechend der Gestaltung bewegen.

Ein ruhiges zurückhaltendes Kind, blaß und schmal – das ist Ingo. Wenn er sich unbeobachtet fühlt, geht er mehr aus sich heraus, probiert aus – in der Regel sitzt er und schaut zu. Er scheint den Anforderungen, die an ihn gestellt werden, nicht gewachsen zu sein. Während der wöchentlichen Turnstunde sitzt er auf der Bank, macht manchmal Unsinn, damit die anderen Kinder nicht vergessen, daß er ja auch noch da ist. Es stellt sich nach einiger Zeit heraus, daß er Ballspielen toll findet. Fast wütend erklärt er, daß er es »doof« findet, daß wir hier nie mit dem Ball spielen. Also spielen wir mit Bällen und probieren aus, was man damit alles machen kann. Ingo findet zwei Spiele besonders gut und verlangt, daß wir sie jedesmal spielen, wenn wir »turnen«.

Die Bälle müssen rollen: Es werden so viele Bälle ausgeteilt, wie Kinder im Raum sind. Die Spielregel ist, daß alle Bälle immer rollen müssen. Ein Kind paßt auf. Sieht es einen Ball, der nicht rollt, also in Ruhe ist, darf es diesen nehmen und in eine Kiste geben. Alle Kinder haben für alle Bälle die Verantwortung, daß sie immer in Bewegung bleiben. Zum Schluß bleibt vielleicht nur ein Ball übrig.

Feuerball: Die Kinder sitzen im Kreis, die Beine gegrätscht, die Fußspitzen aneinander. Es gibt einen Feuerball. Ingo zündet ihn an und schickt ihn in den Kreis. Rollt der Ball auf ein Kind zu, muß es diesen schnell wegschubsen – er ist ja heiß. Rollt der Ball aus dem Kreis heraus, geht das Feuer aus – ringsum ist nämlich Wasser – und er muß neu angezündet werden. Eine Weiterführung ist der Einbezug eines zweiten Balles, des Wasserballs. Der Wasserball (blau) versucht, den Feuerball (rot) zu treffen und zu löschen (»zzzschsch«).

Mit diesen beiden Spielen ist der Bann gebrochen. Ingo macht von nun an mit, besteht aber darauf, daß diese Spiele jedesmal wiederholt werden. Nach einiger Zeit wurde es langweilig, und neue Spiele wurden entdeckt – der Ball muß allerdings immer dabeisein. Nach und nach entwickelt Ingo auch Spaß an Spielen ohne den Ball und bringt sich aktiv und mit großer Bewegungsfreude ein.

Wenn wir uns Gruppen anschauen, so sind meist die zurückhaltenden, ängstlichen Kinder auch die, die motorisch ungeschickt sind, die sich körperlich nicht behaupten können, die den anderen zu langsam oder unbeholfen sind. Die Wechselwirkung zwischen Selbstwertgefühl und Bewegungsverhalten wird allzuoft unterschätzt. Gerade im frühen Alter ist es der »bewegte« Körper und seine Sinneswahrnehmung, der die Reize der Umwelt aufnimmt und so zur psychosozialen Entwicklung beiträgt. Ist die altergemäße motorische Entwicklung gehemmt, so kommt es auch zu Verzögerungen in der psychosozialen Entwicklung – ein Kreislauf ohne Ende. Ein derart entmutigtes Kind nach einer gelungenen Aktion zu loben, ist ein Anfang. Aber dieser reicht bei weitem nicht aus. Die Idee und Aktion des Kindes sollte aufgegriffen und als Spielaktion für die ganze Gruppe erweitert werden. Das Vertrauen läßt sich über die Erwachsenen und ihren Zuspruch allein nicht zurückgewinnen. Die Anerkennung durch die Kindergruppe ist oft viel wichtiger und die Nichtanerkennung um so schmerzlicher. Der Stolz über eine gelungene Handlung wird anhalten und das Kind dazu bringen, in weniger vertrauten Situationen seine Hemmung zu überwinden, seine Angst einmal zu vergessen.

Platz da

Räume – Zwischenräume – Spielräume

Bewegung braucht Platz!

Aber wo gibt es den? Im Klassenzimmer? Im Kindergarten mit all den Stühlen, Tischen, Spielecken? Draußen? Schön wäre es, wenn es einen großen Turnraum, einen Gemeindesaal, sogar mit Teppichboden, gäbe.

Viele ErzieherInnen und LehrerInnen sind in der glücklichen Lage, aber ebenso viele können davon nur träumen. Manche Vorstöße, Spielräume zu ergattern, sind schon an der zusätzlichen Arbeit für Hausmeister und Putzfrauen gescheitert oder ganz einfach daran, daß es so etwas nie gab, und wenn wir einmal damit anfangen, dann wollen alle!

Wenn wir nun zeigen, was auch in begrenzten Räumen möglich ist, soll das kein Appell an Rückzug und Bescheidenheit sein. Es lohnt sich, mit Feingefühl und institutionellem Spürsinn neue Räume aufzutun.

Bei einem gemeinsamen Ausprobieren der Anregungen im Buch, wird die Lust, einen neuen Anlauf zu nehmen, vielleicht größer. Kinder und Kolleginnen lassen sich davon anstecken. Das ist leichter, wenn sie wissen wofür. Dazu muß ein Anfang gemacht werden, und der ist auch in begrenztem Rahmen möglich. Das Mobiliar in einem Raum muß nicht nur im Weg sein, es kann auch Material zum Bewegen sein. Auf Stühlen läßt sich nicht nur gerade sitzen. Sie eignen sich auch dazu, mit ihnen verschiedene Lagen und Positionen auszuprobieren, mit ihnen bewegt zu spielen. Tische, Kästen, Ecken sind Orientierungs- und Berührungspunkte im Raum, lassen sich umbauen, zum Balancieren, zu einem Sockel für Statuen... benutzen. Gemeinsam mit den Kindern finden sich leicht Ideen, was in ihren Räumen alles möglich ist. Eine Entdeckungsreise durch den Raum (siehe Kapitel »Sich Beine machen«) spornt dazu auch an.

Ob Kinder Platz haben oder nicht, sie suchen sich Spielräume in den Waschräumen, Fluren, Küche, quer durch zugestellte Zimmer. Das gibt ein Durcheinander, Unruhe und stört. Genau betrachtet sind es aber auch Hinweise, was an Bewegung dort alles möglich ist.

Die Nase guckt zum Bauchnabel

Nur Fliegen ist schöner

Koordination oder wie alles mit allem zusammenhängt

Bewegung und Wahrnehmung

»Es ist eine angenehme Erfahrung,
die Ordnung in der Vielfalt von
Bewegungen zu erkennen und sich
diese Ordnung als Ganzes anzueignen,
wenn sie auch anfangs noch nicht
immer ganz klar und vollkommen
in Erscheinung tritt.« (Laban)

Stellen Sie sich einmal die vielfältigen Bewegungsmöglichkeiten des menschlichen Körpers vor. Wie ist es möglich, daß jeder Teil unseres Körpers die Rolle findet, die ihm in der Koordination des Ganzen zukommt? Der Körper kann mit seinen verschiedenen Teilen wie ein Orchester sein – meistens geschieht dies unbewußt –, oder wissen Sie um die vielen Muskelaktivitäten, die allein ein einziger Schritt erfordert?

Die Fähigkeit, Bewegungen steuern zu können, bildet sich in vielen kleinen Lernschritten durch Wiederholung und Erfahrung aus. Die Sinnesorgane helfen, das Umfeld wie auch die eigene Befindlichkeit wahrzunehmen und Muskel- und Gelenkfunktionen zu beeinflussen. In den ersten Lebensabschnitten bewegt sich ein Kind mit dem ganzen Körper. An jeder Bewegung ist eine Vielzahl von Gelenken beteiligt. Offensichtlich »weiß« ein Kind instinktiv, wie es seinen kleinen Körper in Bewegung setzen kann. Sobald die elementaren Bewegungen in den ersten zwei Lebensjahren erworben sind, richten sich die kindlichen Aktivitäten auf das Erforschen der Umgebung. Das ständige Spiel mit dem Körper wird zielgerichteter. So wie sich Buchstaben zu Worten und Sätzen formen lassen, werden elementare Bewegungen zu Gesten und Ausdruck. Wenn wir von Koordination sprechen, so meinen wir jedoch nicht nur die körperliche Bewegung an sich, sondern das Zusammenspiel von emotionalen, körperlichen und geistigen Kräften. Jeder Bewegung liegt eine Intention und eine Befindlichkeit zugrunde. Beide, Gedanken und Gefühle, zeigen sich deutlich in körperlichen Ausdrucksformen: Wir schreien aus vor Freude, schluchzen und weinen vor Kummer, wir lachen aus Vergnügen, wir erröten vor Scham und entspannen uns in Zufriedenheit. Die Einengung unserer natürlichen körperlichen Ausdruckskraft beginnt jedoch schon sehr früh: schrei nicht so laut, hör mit dem Gekicher auf, du solltest dich schämen!

Das Lernen von Bewegungsfähigkeiten geschieht – wie bei einem Bildhauer – zunächst in einer groben Form, die sich über lange Zeit hinweg verfeinert. So verschwinden mit der Zeit überflüssige Mitbewegungen, der Bewegungsumfang reduziert sich und der rhythmische Wechsel von Spannungszu- und -abnahme prägt sich aus.

Die Fähigkeiten, über die verschiedenen Bewegungsfunktionen verfügen zu können, entwickeln sich in einer Reihenfolge, die nicht umkehrbar ist. Um so wichtiger ist es für die Erzieherin, jeden kleinen Lernschritt eines Kindes als notwendig zu begreifen und nicht zu übergehen. Nehmen Sie sich die Zeit, Kinder zu beobachten, wie sie im Spiel üben und Bewegungen wiederholen. Gerade in der Wiederholung haben Kinder Erfolgserlebnisse. Die körperliche Verfassung, die geistige Wahrnehmungsfähigkeit und das Gefühlsleben des Kindes beeinflussen das Zusammenspiel der wesentlichen Bewegungselemente: *Atmung, Körperhaltung, Muskelspannung, Gleichgewicht* und *Bewegungsrhythmus*. Ein Kind übt dieses Zusammenspiel zunächst unbewußt, später bis zu einem gewissen Grade bewußt. In der Bewegungserziehung unterstützen und fördern wir das alltägliche Bewegungslernen durch das bewußte Spiel mit dem Körper.

Atmen Sie tief ein, und spüren Sie, wie der Atem die Bauchdecke hebt und senkt. Der Atem bewegt uns, nimmt unablässig seinen Weg durch unseren Körper, durchströmt und belebt ihn. Viele Menschen atmen nur soviel Luft ein, daß es gerade zum Weiterleben reicht. Andere füllen sich mit großen Mengen Luft an und haben es schwer, die gesammelte Luft wieder auszuatmen. Manches Mal vergessen wir sogar, einzuatmen. Wenn unser Atem aus dem Rhythmus kommt, sind wir nicht im Gleichgewicht. Die Art und Weise, wie wir sprechen, singen, erzählt davon, wie es uns geht. Atem ist hörbar und gehört untrennbar zum menschlichen Ausdruck, z.B. beim Flüstern, Lachen, Seufzen, Schnarchen, Toben. Wir können den Atem willentlich beeinflussen, z.B. vertiefen, verlangsamen oder die Atmung geschehen lassen wie im Schlaf. Der Atem ist wie eine Brücke zwischen den bewußten und den unbewußten Funktionen des Körpers. Ebenso sind Bewegungsrhythmus und Atem miteinander verbunden. Beim Rennen steigert sich der Atemrhythmus, in der Ruhelage verlangsamt er sich. Atem und Bewegung beeinflussen sich gegenseitig.

Die Haltung: Aufrecht gehen, gebückt sein...
Sitz gerade! Stolpere nicht über deine Füße!

»Der ideale Körper steht aufrecht, vom Scheitel bis zur Sohle eine Senkrechte bildend. Die einzelnen Teile ordnen sich der Gesamtstruktur ein, die biegsame Wirbelsäule verleiht jeder Stellung Beweglichkeit, Unterstützung und Gleichgewicht. Das Gewicht verteilt sich dem Schwerpunkt entsprechend, ohne auf irgendeinen Teil Druck auszu-

üben. Die inneren Organe – der Kreislauf, die Atmung, die Stimme – erfüllen ungehemmt und frei ihre Funktionen. Eine solche Haltung ist mühelos. Keine Energie wird unnötig verschwendet.« (Trudi Schoop, »komm und tanz mit mir«, Zürich 1981, S. 77)

Stellen Sie sich vor den Spiegel, und schauen Sie sich ihre Körperhaltung von vorne und von der Seite an. Nehmen Sie jetzt eine trotzige Haltung ein, dann eine wütende und eine lustige Haltung. Wie verändert sich ihre Körperhaltung? Beobachten Sie anschließend Ihre Kindergruppe. Spielen Sie in der Gruppe mit verschiedenen Haltungen. Ahmen Sie andere Menschen nach, und lassen Sie sich von den Kindern nachahmen. Wie geht dein Vater oder deine Mutter, wie gehen kleine Kinder?

Stellen Sie sich erneut vor den Spiegel. Welchen Eindruck haben Sie von Ihrer Körperhaltung, welche innere Haltung zeigen Sie häufig durch Ihre Körperhaltung?

Lesen Sie dazu auch das Kapitel »Ein schöner Rücken...«.

Die Körpermitte: Die Körpermitte ist das Zentrum der menschlichen Gestalt. Sie dient zur Stabilisierung des Gleichgewichts, zur Orientierung und Koordination unserer Bewegungen, denn jede Bewegung geht entweder zum Körper hin oder von der Körpermitte weg. Die Bewegungen eines Babys gehen von der Körpermitte aus und übertragen sich auf die Gliedmaßen. Das Kind strampelt mit den Beinen und schlägt mit den Armen um sich und lockert so die gerundete Haltung der Embryozeit bis die gestreckte Körperhaltung selbstverständlich ist. In vielen alltäglichen Handlungen wird das Zusammenziehen und Dehnen der Muskulatur der Körpermitte spürbar: beim Heben, Tragen, Ziehen und Schieben. Probieren Sie das beim Tauziehen – es geht nur unter erheblicher Anspannung der Bauchmuskulatur.

Kinder bewegen gern ihren Körper als Ganzes. Wenn sie sich groß machen, werden sie dies zuerst symmetrisch tun. Wie geht dies auf einem Bein? Macht sich ein Kind klein und eng, kann es dies wieder auf beiden oder auf einem Bein versuchen. Auch die Erfahrungen vor und hinter, rechts und links, oben und unten beziehen sich auf die Körpermitte. Lesen Sie dazu auch das Kapitel »Balanceakte«.

Muskelspannung, loslassen können: Spannung in der Bewegung meint die Steuerung des Kräftehaushalts im Körper. Wir können gespannt, angespannt, überspannt, entspannt, spannungslos sein – jedes Erlebnis, jeder Zustand verändert unseren Spannungsgrad. Dies wird im Körper sichtbar: plötzliche, feste Bewegungen, z. B. Aufspringen vor Freude, allmähliche, langsame Bewegungen, z. B. vorsichtiges Herantasten. Wenn sich Spannung in einem Körperteil aufstaut – eine verspannte Schulter, ein steifer Hals etc. – entstehen Muskelschmerzen, die durch Veränderung des Tonus – loslassen und entspannen – behoben werden können. Häufig fixieren sich solche Spannungen und werden Bestandteil der Körperhaltung, z. B. hochgezogene Schultern.

Neben psychischen Belastungen sind heute vor allem einseitiges bzw. mangelhaftes Bewegen Ursache vieler Verspannungen. Bei Kindern beobachten wir Verkrampfungen durch das Tragen zu schwerer Schultaschen, durch zu langes Sitzen. Bei Erwachsenen schlagen sich die einseitigen Arbeitsbelastungen vor allem in der Rücken- und Nackenmuskulatur nieder.

In der Bewegungserziehung geht es darum, die Fähigkeit zu fördern, sich mit unterschiedlichen Körperspannungen bewegen zu können. Beobachten Sie die

Steigerung der Spannung, wenn Kinder sich um sich selbst drehen, bis sie umfallen und sich entspannen. Die Intensivierung eines Gefühls steigert die Körperspannung – im Idealfall erreichen Gefühl und Körperspannung gleichzeitig den Höhepunkt, ehe sie wieder zusammen abklingen. Lesen Sie dazu auch das Kapitel: »Leicht wie eine Feder...«

Bewegungsrhythmus: Rhythmus ist die Erfahrung mit der Zeit. Im Körper fühlen wir den Herzrhythmus und den Atemrhythmus. Auch Bewegung vollzieht sich in Zeitabschnitten. Unsere Sprache, unsere Lieder und unsere Tänze sind Rhythmus. Bewegung ist das Überwinden von Schwerkraft. Der Bewegungsrhythmus bezieht Zeit und Schwerkraft aufeinander. Kinder haben an rhythmischen, sich wiederholenden Bewegungen viel Spaß. Sie tauchen in den Bewegungsfluß ein, genießen das Spiel mit der Bewegung und dem Bewegungsgefühl. – Beobachten Sie kleine Kinder beim Musikhören. Sie werden feststellen, daß sich die Bewegungen der Kinder in die Musik einschwingen – Kinder lernen den eigenen Bewegungsfluß kennen. Bewegungsförderung muß für dieses Einschwingen in Bewegung Gelegenheit bieten.

Lesen sie dazu auch das Kapitel »Rhythmus im Blut«.

Körperspiele

Die folgenden Anregungen dienen einer Vertiefung der Körperwahrnehmung. Körpergröße, Form, Struktur und räumliche Anordnung der Körperteile werden ins Spiel gebracht. Zur Festigung des Körperschemas werden vor allem *das Tasten, das Sehen* und *das Hören* genutzt.

Tasten

Den Boden spüren: Die Kinder spüren in der Rückenlage, wo überall der Körper am Boden aufliegt. (Siehe Kapitel: »Leicht wie eine Feder«, »Im Sand liegen«.) Die Hohlräume können mit Sandsäckchen ausgestopft werden. Dies geht auch in der Bauch- und Seitenlage. Die aufliegenden Körperteile werden benannt. Eine Intensivierung der Körpererfahrung ist durch die Verbindung mit dem Atem möglich. In jedes aufliegende Körperteil wird mit einem langen Ton ausgeatmet: schickt einen langen Ton in den Rücken...

Zarte Feder: Ein Kind schließt die Augen. Ein anderes berührt es mit einer Feder – wo bist du berührt worden?

Gesichter raten: Die Kinder sitzen im Kreis. Einem Kind werden die Augen verbunden, und es läuft blind zu einem anderen Kind im Kreis. Durch zartes Befühlen des Gesichtes ist zu erraten, bei wem es angekommen ist.

Die Hände spielen in der Entwicklung der Koordination eine wichtige Rolle. Sie können fühlen, tasten, drücken, streicheln, stoßen, klatschen, formen, kneten, tragen und orientieren sich neben dem Tastsinn an den Wahrnehmungen der Augen.

Hände-Geschichten: Zwei Kinder sitzen sich mit geschlossenen Augen gegenüber und halten sich an den Händen. Die Hände beginnen zu spielen. Sie können sich begrüßen, gemeinsam spazierengehen, können gegeneinander drücken, zu einer Faust werden, die von der anderen Hand umfaßt wird oder sich verschränken. So entsteht ein Gespräch oder eine Geschichte.

Der blinde Tänzer: Die Kinder fassen sich partnerweise an den Händen. Ein Kind führt das andere durch den Raum. Nach einer Weile schließt das Kind, das geführt wird, die Augen. Der Kontakt zwischen den Händen kann auch sehr zart sein – z. B. nur an den Fingerspitzen. Leise Musik unterstützt die Konzentration. Versucht, zusammen zu tanzen.

Denkmal bauen: Ein Kind formt mit seinem Körper eine Figur (siehe Kapitel »Balanceakte«: »Figurenschleudern«). Ein zweites Kind stellt diese Figur nach. Könnt ihr die Figur durch blindes Tasten nachstellen? Schließt die Augen und versucht, die Figur eures Partners herauszufinden. Dann bildet sie nach.

Variation: Ein »Architekt« formt aus drei Kindern ein Denkmal. Ein anderer erfühlt das Denkmal mit geschlossenen Augen. Hat er genug gefühlt, löst sich das Denkmal auf. Je mehr die Kinder ineinander verschränkt waren, um so schwieriger wird es sein, das Denkmal wieder aufzubauen.

Sehen

Die Augen sind ein wichtiges menschliches Informationsorgan. Bewegungskoordination und Sehen sind eng miteinander verbunden. Sehstörungen wirken sich auf Bewegungen störend aus.

Körper-Puzzle: Auf Papier malt jedes Kind einen Körperteil und schneidet ihn aus. Anschließend werden die Teile gemeinsam zu einem Körper zusammengesetzt: Mein rechter Arm kommt an deine rechte Schulter, welche Körperteile fehlen noch? Ergänzt sie.

Variation: Mehrere Kinder sitzen um einen großen Bogen Papier. Jeder malt nacheinander einen Körperteil, bis zum Schluß ein Mann, eine Frau oder ein Kind fertig ist.

Die Montagsmaler: Die Kinder teilen sich in Gruppen auf. Jede Gruppe erhält einen Zettel mit einer Aufgabe, z. B. einen Fußballer, einen Muskelmann, eine Tänzerin etc. zu malen. Eine Gruppe beginnt mit ihrem Bild, die andere Gruppe soll so schnell als möglich raten, was gemalt wird.

»Geradebiegen«: Die Kinder stehen im Kreis. Die Spielleiterin steht in der Mitte und nimmt schiefe, verdrehte Haltungen ein. Wie steht sie gerade? Die Kinder versuchen nacheinander, sie gerade zu biegen. Nach jedem Versuch findet die Spielleiterin eine neue Haltung. Die Kinder versuchen auch, sich gegenseitig von schiefen in aufrechte Haltungen zu bringen.

Ich bin dein Spiegel: Alf ist der Spiegel von Berta und versucht, ihre Bewegungen genau nachzumachen. Berta kann sich auch im Raum bewegen. Wechselt: Berta ist jetzt der Spiegel von Alf. Der Spiegel kann auch zu einem Vergrößerungsspiegel werden oder die Bewegungen verkleinern. Die Zauberspiegel verkehrt die Bewegungen ins Gegenteil: eine runde Bewegung wird eckig, eine schnelle Bewegung wird langsam.

Wir sind dein Spiegel: Ein Kind macht eine Bewegung vor, alle anderen Kinder wiederholen die Bewegung. Anna zeigt ihre Bewegung und sagt ihren Namen dazu. Die Gruppe wiederholt die Bewegung und den Namen. Zum Schluß tanzen alle Namen durch den Raum, und die Kinder können versuchen, mehrere Namen hintereinander zu bewegen. Schafft ihr alle Namen – wie beim Kofferpacken?

Hampelmann und Hampelfrau: Hampelmann und Hampelfrau stehen sich gegenüber. Hampelfrau zeigt dem Hampelmann, was sie kann: mit den Füßen stampfen, mit den Händen winken, vor dem Bauch klatschen und hinter dem Rücken klatschen. Was wir auch tun, wir müssen es ansagen. Jetzt kommt der Hampelmann dran. Alle Hampelfrauen und Hampelmänner bilden je eine Schlange. Die Schlangen bewegen sich im Raum. Die erste in der Schlange gibt Bewegung und Geräusch für alle an. Es entsteht ein lustiger Schlangentanz. Rhythmische Musik – zum Beispiel afrikanische Trommeln – sind dazu geeignet.

Hören

Klänge locken: Die Kinder stehen im Raum verteilt und schließen die Augen. Die Spielleiterin lockt die Kinder durch Klänge hin und her im Raum, bis ein

weiteres Kind mit Klängen lockt. Jetzt müssen sich die Kinder entscheiden, ob sie der Trommel oder der Flöte folgen wollen.

Geräusche raten: Die Spielleiterin hat eine Tonkassette mit Alltagsgeräuschen aus Verkehr, Haushalt und Natur. Die Kinder raten die Geräusche und spielen sie nach. Wie könnte man einen Staubsauger darstellen, oder einen tropfenden Wasserhahn?

In der Kreismitte liegen viele einfache Klangerzeuger. Alle Kinder schließen die Augen. Die Spielleiterin macht mit den Instrumenten Geräusche. Ein Kind versucht herauszufinden, welche Instrumente verwendet wurden.

Tänze erfinden: Zu Tanzmusik versuchen die Kinder einen Tanz zu erfinden. Zunächst sollte der Kreis die Ausgangsform sein – später Reihen- und Partnerfiguren. Lassen Sie den Kindern viel Raum dazu, und strukturieren Sie nur zu Beginn. Greifen Sie die Idee der Kinder auf. Es ist gar nicht so wichtig, wenn sich unser Tanz ab und zu wieder verändert. Verwenden Sie unterschiedliche Musik, und regen Sie die Kinder auch zum Tanzspiel mit Material an. Tücher, Bänder, Rasseln und Verkleidungsstücke sind sehr beliebt.

Von der Rolle zum Rad

Neben den spielerischen Aktivitäten werden die Kinder in der Bewegungserziehung auch mit grundlegenden Bewegungsprinzipien vertraut. (Siehe dazu Kapitel: »Sich Beine machen, Fortbewegungsarten«.) Zur elementaren Bewegungskoordination gehört das Gehen.

Abwechselnd wird Gehen und Laufen – auch rückwärts – ausprobiert. Wo liegt der Unterschied? Beim Laufen sind beide Füße einen kurzen Augenblick gleichzeitig in der Luft, beim Gehen ist immer ein Fuß am Boden. Was tun die Arme beim Gehen oder Laufen?

Die Koordination von Bein und gegensätzlichem Arm ist für viele Kinder schwierig. Selbst bei Erwachsenen gibt es häufig Verwechslungen, wenn das Gehen bewußt geübt wird. Eine spielerische Hilfe:

Grün zu Grün: Binden Sie an das rechte Bein und das linke Handgelenk ein grünes Bändchen, an das linke Bein und das rechte Handgelenk ein rotes Bändchen. Beim Gehen sollen die Kinder die Farben zusammenbringen. Beim Laufen wird die Hand nach vorne gestreckt, bis Arm und Bein mit derselben Farbe im Sprung nach vorne fliegen.

Im Kreis treten verschiedene Clowns auf und sollen die Kinder zum Lachen bringen. Nach einer Weile werden Kunststücke gezeigt. In diesem Zusammenhang zeigen Sie den Kindern, wie die Clowns rollen. Vielleicht eröffnen Sie auch eine Clownsschule.

Die Clownsrolle: Die Kinder sitzen auf dem Boden – möglichst mit Matten ausgelegt – und halten die Fußflächen aneinander. Die Hände umfassen die Füße. Spürt eure Sitzknochen und beginnt von einer Seite zur anderen, von einem Sitzknochen auf den anderen zu schaukeln. Versucht jetzt beim sanften Schaukeln auf jeder Seite den ganzen Oberschenkel aufzulegen. Schaukelt hin und her. Jetzt legt die Schultern auf, bis ihr in die Rückenlage kommt, laßt die Füße nicht los. Schaukelt aus der Rückenlage über die Schulter und den Oberschenkel wieder hoch, bis ihr einen Kreis um euch selbst schaukeln könnt. Versucht es nach beiden Seiten, also auch mit der »schlechten« Seite.

Der Purzelbaum ist im Bewegungsrepertoire der Kinder unerläßlich. Schon die Kleinen versuchen es meist zuerst auf dem Kopf und fallen dann nach hinten mit dem Rücken auf den Boden. Genauer betrachtet ist die Rolle vorwärts eine schwierige Bewegungsfolge, die jedoch für die Beweglichkeit der Wirbelsäule und die Rückenmuskulatur großen Wert hat.

Rund und klein wie ein Ball: Kopfüber sich einer Bewegung anzuvertrauen ist von Kindern viel verlangt. Nehmen Sie sich Zeit, die Rolle zu entwickeln. Auch ängstliche Kinder haben dadurch mehr Ruhe. Achten Sie darauf, daß der Kopf

sich aus dem Grätschstand weich zur Brust senkt. Die Hände stützen sich am Boden auf, die Nase guckt zum Bauchnabel. Zuerst legt sich der Nacken auf den Boden, und Wirbel für Wirbel rollt der Rücken ab, die Knie sind angezogen. Macht euch rund und klein wie ein Ball.

Der Handstand: Radschlagen und Handstand sind zum Statussymbol für sportliches Können geworden. Beide Bewegungsfolgen erfordern ein hohes Maß an Koordinationsvermögen. Ähnlich dem Springen ist das Fliegen der Beine durch die Luft ein lustvolles Moment. Sehen Sie sich den Weg zum Handstand einmal an. Unser Anliegen ist es, daß Kinder den Weg, den Prozeß als befriedigend erleben. Ist der Handstand problemlos, so ist er nicht mehr spannend, und andere Aufgaben können gelernt werden. Sie vermeiden so unnötige Konkurrenz unter den Kindern und werden – sofern Sie es selbst ausprobieren – erleben, daß der Handstand eine Gewichtsverlagerung ist: wir geben das Gewicht von den Füßen in die Hände.

□ In Schrittstellung übertragen wir das Gewicht von einer Fußsohle zur anderen, vor und zurück wie ein Pendel. Spürt den Druck auf der Fußsohle, und nehmt die Arme in der Pendelbewegung mit.

□ Vergrößert die Pendelbewegung nach vorne, bis die Handflächen am Boden aufsetzen, und pendelt wieder zurück. Das vordere Bein hebt sich beim Zurück-

pendeln etwas vom Boden ab. Schwingt nach vorne, setzt die Handflächen am Boden auf, und hebt jetzt das hintere Bein etwas vom Boden ab. Wenn ihr das hintere Bein stärker vom Boden abhebt, gebt ihr euer Körpergewicht stärker in die Handflächen, und für einen kurzen Moment sind beide Beine weg vom Boden – ihr tragt euer Körpergewicht bereits auf den Händen.

Dieses Verlagern des Gewichts von den Füßen auf die Hände sollte länger geübt werden.

□ Wir stehen wieder in Schrittstellung, das Gewicht ist auf dem hinteren Bein, das vordere Bein ist angehoben, die Arme sind nach oben gestreckt. Verlagert das Gewicht auf das vordere Bein, und führt die Arme im großen Bogen nach vorn. Setzt die Handflächen weit vor euch am Boden auf. Das hintere Bein schwingt nach oben und nimmt das vordere Bein mit. Versucht mit dem Fuß des vorderen Beins an das Knie des hinteren Beins zu schlagen. Ihr seid im Handstand. Laßt rechts und links von euch eine Hilfestellung stehen, und drückt die Arme im Handstand durch, streckt euren Körper nach oben, und nehmt den Kopf in den Nacken. Wenn ihr steht, beginnt ein Lied zu singen – die Stimme stärkt euch und sorgt dafür, daß ihr den Atem nicht anhaltet.

Großes und kleines Rad: Vom Handstand zum Rad ist der Weg nicht mehr weit. Auch das Rad ist eine Gewichtsverlagerung – dieses Mal seitlich. Wir stellen uns vor, Arme und Beine sind die Speichen eines großen Rades. So stehen wir ausgestreckt und beginnen wie beim Handstand mit dem Pendel – hier jedoch seitlich. In der Pendelbewegung nach vorne setzen wir die Handflächen nacheinander auf. Zuerst versuchen wir das kleine Rad. Nacheinander setzen die Handflächen auf einer Linie auf, und wir springen mit beiden Beinen »um die Kurve«. Das versuchen wir nach beiden Seiten. Wenn das kleine Rad rollt, ist es nicht mehr weit, bis sich die Beine ausstrecken und sich wie beim Handstand zuerst das hintere Bein hebt, das vordere Bein folgt, und die Füße setzen nacheinander auf der Linie der Hände auf. Für das große Rad achten wir darauf, daß Hände und Füße nacheinander auf einer Linie aufsetzen und das Rad immer in der seitlichen Ausrichtung beginnt. Viel Spaß beim »Radschlagen«.

Im Spiel mit festen und beweglichen Materialien bilden sich sensomotorische Steuerungsfähigkeit, Koordinationsvermögen, Geschicklichkeit und Kreativität aus. Kisten und Kasten werden zu Hindernissen, Gegenstände werden erprobt und untersucht. Kleine Kinder brauchen dieses selbstvergessene Spiel mit Gegenständen, und sie sollten nicht zu früh mit abstrakten Begriffen wie Form und Farbe überschüttet werden. Älteren Kindern macht es Spaß, Unterscheidungen zu treffen und damit zu spielen.

Ball-Spiele: Verschiedene Bälle werden ausprobiert. Wir rollen, kicken, schieben, heben, werfen und stoßen den Ball. Im Kreis geben wir kleine Bälle mit den Füßen weiter und stützten uns dabei auf die Arme.

□ Jedes Kind nimmt einen Ball zwischen die Füße. Legt den Ball mit den Füßen hinter den Kopf und bringt ihn wieder nach vorne.

□ Die Kinder stehen eng hintereinander, die Beine gegrätscht. Das erste Kind rollt einen Ball durch den »Beintunnel«, das letzte nimmt ihn auf und trägt ihn wieder nach vorne. Mit zwei Gruppen gibt es eine Tunnelstaffel. Beim nächsten Durchgang geben wir den Ball über den Kopf nach hinten.

□ Im Kreis zeigen wir uns Kunststücke mit dem Ball. Den Ball balancieren – mit einer Hand, mit einem Fuß, mit dem Rücken … Auf dem Ball sitzen oder stehen, mit dem Bauch oder Rücken auf dem Ball liegen.

Tanz der Luftballons: Die Kinder halten ein großes Tuch straff und lassen Luftballons darauf tanzen. Bewegt euch mit dem Tuch zur Musik und paßt auf, daß die Luftballons auf dem Tuch bleiben. Verwendet statt Luftballons jetzt Bälle.

Handtuchball: Die Kinder halten partnerweise ein Handtuch und lassen einen Ball darauf hüpfen. Probiert verschiedene Kunststücke aus. Wie könnt ihr den Ball mit dem Handtuch möglichst hoch werfen? Könnt ihr euren Ball einem anderen Paar zuwerfen und gleichzeitig deren Ball auffangen? Schleudert den Ball mit dem Handtuch so, daß er das Handtuch nicht verläßt.

Alle diese Kunststücke fordern nicht nur zu koordiniertem Bewegen mit Material, sondern auch das Spielen mit dem Partner heraus. Sie und die Kinder kennen sicher unzählige Spiele mit dem Ball, Tüchern, Seilen, Heulschläuchen und anderen Materialien, und mit viel Erfindergeist gehen die Ideen für Spielmöglichkeiten nie aus.

Geschichte von der Katze

Beobachten Sie Katzen bei ihren geschmeidigen Bewegungen, wenn sie spielen oder zu einem kraftvollen Sprung ansetzen. Das Spiel der Gelenke, die Beweglichkeit der Wirbelsäule, Bewegungsfluß und Dynamik zeigen sich in großer Eleganz. Die Bewegungsfolge »Die Katze« haben wir bei Katya Delakova kennengelernt und sie in vereinfachter Form auch mit Kindern gespielt. Wesentliche Elemente wie die Biegsamkeit der Wirbelsäule, die Kräftigung der Körpermitte und das geschmeidige Gliederspiel sind in der Kinderkatze erhalten geblieben. Die Katzenfolge beginnt im Liegen und endet im Stehen. Genaue Bewegungsanleitung und freies Spiel wechseln sich ab. Versuchen Sie selbst, Katzenbewegungen zu finden und nachzumachen. Bekannt ist der Katzenbuckel.

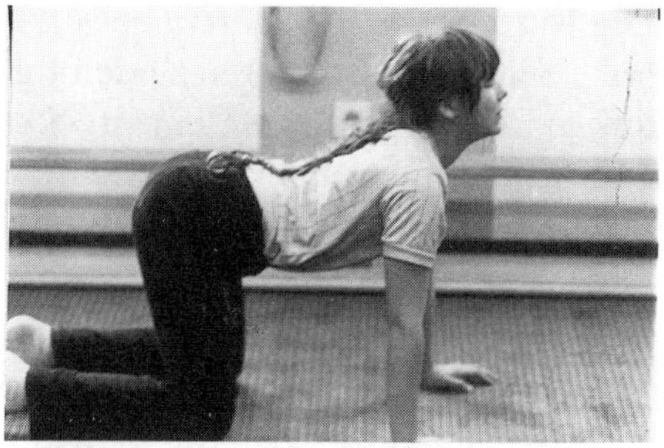

Durch Hören, Sehen und die eigene Phantasie lernen die Kinder das Spiel der Katze. Tierbewegungen faszinieren und regen zur Gestaltung an. Wir haben in der Gruppe oft Katze gespielt – jedesmal sind unterschiedliche Geschichten entstanden. Unsere Katzen haben gekämpft, geschmust, Mäuse verfolgt oder hinter dem Ofen geschlafen.

Die folgenden Bilder zeigen ausschnittsweise das konzentrierte Spiel der Kinder, wobei genaue Bewegungsanleitung und freies Spiel sich abwechseln.

Die Katze schläft: Die Katze liegt auf dem Bauch und schläft. Die Handflächen liegen neben den Schultern, der Kopf liegt auf der Seite, die Augen sind geschlossen. Hört, wie die Katze atmet.

Die Katze träumt: Die Katze beginnt zu träumen. Im Traum dreht sie den Kopf langsam von einer Seite zur anderen. Sie träumt von einer Maus oder einer großen Schokoladentorte. Da wacht sie auf! Sie öffnet die Augen und schaut nach allen Richtungen, nach oben zur Stirn, nach außen in den Augenwinkel, nach innen zur Nase und nach unten zum Kinn.

Die Katze wacht auf: Jetzt hebt die kleine Katze den Kopf und schaut über die linke Schulter nach hinten zu den Fußzehen. Dabei zieht sie das linke Knie zum linken Ellenbogen. Das Bein streckt sich, der Kopf dreht sich zur anderen Seite, das rechte Knie wandert zum rechten Ellenbogen. Dieses Spiel von Seite zu Seite macht die Katze weich und beweglich.

Die Katze schaut um sich: Das Kinn wandert nach oben, die Arme strecken sich, und die Beine sind lang. Das Becken liegt auf dem Boden auf. Die Katze schaut langsam nach rechts und nach links – der Kopf dreht sich weich im Gelenk.

Die Katze macht sich rund und kuschelig: Nachdem sie um sich geschaut hat, macht sich die Katze rund und kuschelig. Das Kinn wandert im Bogen nach unten, das Becken zieht sich zu den Fersen. Arme und Kopf liegen am Boden.

Dieses Strecken und Zusammenziehen macht die kleine Katze sehr gerne. Sie probiert das nochmals: Sie schiebt das Kinn auf dem Boden weit nach vorne und hebt es, wenn sie weit vorne ist, und das Brustbein hebt sich mit. Das Kinn wandert nach oben. Von hier aus geht es wieder zurück zur Kuschelhaltung, das Kinn senkt sich, das Becken wandert zu den Fersen.

Die Katze macht einen Buckel: Allmählich wird die Katze hungrig. Sie richtet sich auf und macht einen runden Katzenbuckel. Dann hebt sie das Kinn, der Bauchnabel zeigt zum Boden.

Die Katze kriecht: Jetzt möchte die kleine Katze davonkriechen. Wie macht sie das? Zuerst streckt sie den rechten Arm weit nach vorne, das rechte Knie folgt, dann greift der linke Arm weit nach vorne und das linke Knie wandert im hohen Bogen zur linken Hand.

Es gibt viele Möglichkeiten, wie die kleinen Katzen kriechen. Schaut auf Anna – wir kriechen hinter ihr her. Jetzt beobachtet Peter – vielleicht findet er eine Maus.

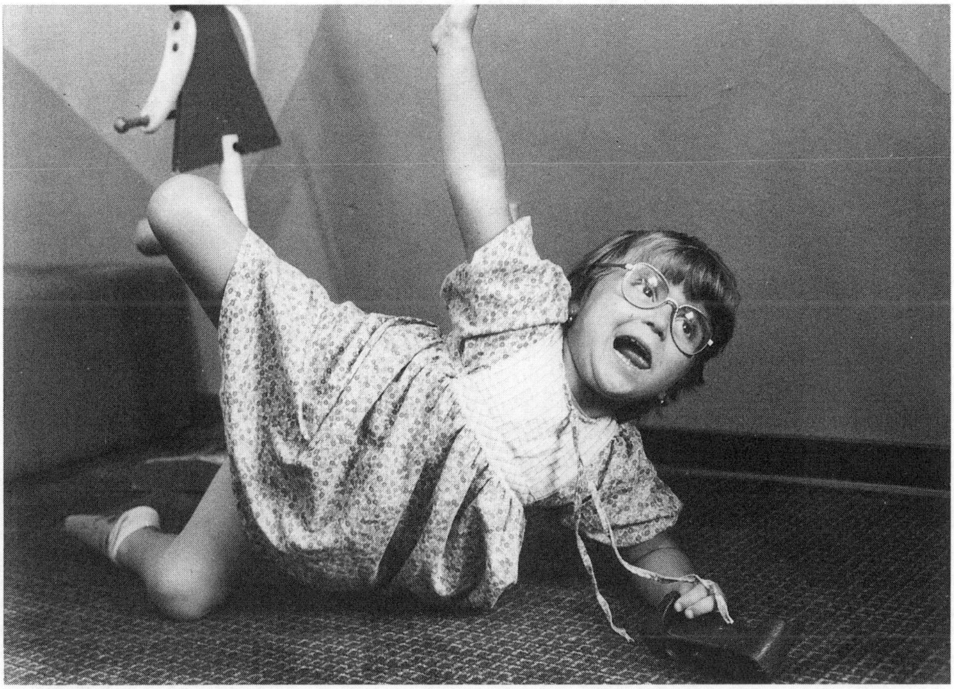

Die Katze spielt: Wenn die kleine Katze satt ist, spielt sie und zeigt, wie kräftig sie ist. Sie hebt den Po hoch in die Luft, Arme und Beine sind gestreckt.

Jetzt hebt sie noch ein Bein und versucht, mit ihrer Hinterpfote andere Katzen zu erwischen... solange bis sie müde ist.

Seht, wie sich die kleine Katze langsam in einen Mensch verwandelt.

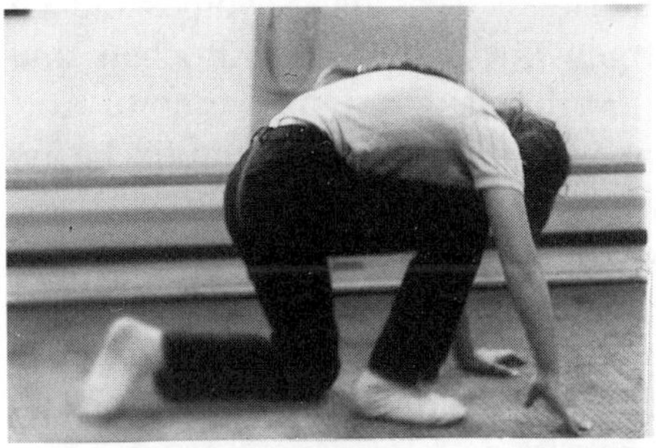

Mit beiden Füßen in der Welt stehen

Von allen Körperteilen haben die Füße die größte Last zu tragen. Füße halten und stützen den ganzen Körper, sie sind die Basis, um sich auf den Weg zu machen. Für sich betrachtet ist ein Fuß ein kleines Wunderwerk. Der gesunde Fuß zeigt an der Innenseite den ausgeprägten Boden des Längsgewölbes und am Vorderfuß den kleineren Bogen des Quergewölbes. 26 kleine Knochen sind durch Muskeln und Bänder so miteinander verbunden, daß das gesamte Körpergewicht getragen werden kann. Stellen wir uns die kleine Fußfläche im Verhältnis zur Körpergröße vor, so ist dies um so erstaunlicher. Ca. 72000 Nerven enden in den Füßen, und aus der Reflexzonentherapie wissen wir, daß sich nahezu alle Körperorgane im Fuß abbilden und durch Massage angeregt werden können. Mit jedem Schritt sind wir in Kontakt mit unserer Standfläche. Das Empfindungsvermögen im Fuß ist sehr sensibel, wir spüren und wissen sofort, ob ein Boden weich oder hart, eben oder uneben ist.

Auf seinen eigenen Füßen zu stehen, will gelernt sein. Kinder experimentieren viele Wochen, bis sie sich vom Liegen über das Sitzen, Krabbeln und Kriechen aufrichten können. Beim ersten Stehen helfen die Zehen noch mit, den Boden zu »greifen«, die Arme unterstützen das Halten des Gleichgewichtes. Vom freien Gehen ist das Kind noch weit entfernt. Gehen bedeutet, das Körpergewicht auf den Füßen zu balancieren. Kinder brauchen Geduld und Zeit, dieses Spiel mit dem Gleichgewicht zu lernen. Wesentlich dabei ist, daß sie viel selbst entdecken können und nicht zu früh dazu angehalten werden, laufen zu lernen. Das Erlebnis, ohne Hilfe stehen und gehen zu können, ist ein wichtiger Baustein zur Entwicklung von Selbständigkeit

In der Welt Fuß fassen

Wir spüren unsere Füße: Je nach Altersstufe und Gruppe kann es eine Weile dauern, bis Kinder freiwillig Strümpfe und Schuhe ausziehen und zum Fußbaden bereit sind. Erfahrungsgemäß haben Kinder aller Altersstufen Spaß dabei, und es ist in vieler Hinsicht gut, die Füße zu betrachten, anzufassen und zu bewegen.

Fußbad: Jedes Kind bekommt eine Schüssel mit warmem Wasser, etwas Fußbadesalz und ein Handtuch. Während des ca. zehnminütigen Bades gibt es viel zu sehen. Wie sieht mein Fuß aus – wie der von anderen Kindern? Was läßt sich am Fuß alles bewegen? Probiert mal, die Zehen einzeln zu bewegen. Zum Abschluß werden die Füße gut abgetrocknet – besonders zwischen den Zehen.

Fußmassage: Die Füße werden mit Creme eingerieben und massiert. Jeder einzelne Zeh, die Fußsohle, der Fußrücken und die Ferse kommen dran. Es ist auch möglich, sich gegenseitig die Füße zu massieren. Wie fühlt sich das an? Gibt es Stellen am Fuß, die weh tun?

Die Beschäftigung mit einem Körperteil läßt unterschiedliche Bewegungs- und Spielmöglichkeiten entstehen, fördert neue Verhaltensweisen der Kinder untereinander und regt Körperwahrnehmung und Ausdrucksfähigkeit an. Welche Ausdruckskraft im Fuß liegen kann, wird beim spanischen Flamenco und beim Steptanz eindrucksvoll deutlich.

Fuß-Gespräch: Das Empfindungsvermögen im Fuß ist ähnlich dem in der Hand. Als Vorbereitung zum folgenden »Fuß-Gespräch« sitzen sich die Kinder partnerweise gegenüber und berühren sich mit den Händen. Wie fühlen sich die Hände an? Streichelt, drückt, zieht, spielt mit den Fingern...

Vertauscht jetzt die Hände mit den Füßen. Nehmt Kontakt mit den Füßen auf – mit den Fußsohlen, den Zehen, dem Fußrücken. Versucht euch mit den Füßen zu begrüßen. Könnt ihr die Füße verschränken? Könnt ihr euch mit dem großen Zeh »guten Tag« sagen oder euch mit den Zehen zuwinken? Spielt mit den Füßen, mal zart, mal fest, mal schnell, mal langsam – so kann eine Geschichte entstehen.

Es geht auch, sich mit vielen Füßen zu unterhalten.

Schließt die Augen. Könnt ihr fühlen, wessen Füße ihr berührt?
Spürt die Unterschiede.
Hier kann eine ruhige Musik eingespielt werden.

Bunte Fußbilder: Die Füße in Farbe tauchen und auf Plakate drucken. Was bildet sich vom Fuß ab? Es gibt lange, dicke, breite, kurze Füße. Malt bunte Fußbilder.

Fußspiele

Die Beweglichkeit der Füße ausprobieren: Die Kinder sitzen im Kreis. Dreht die Füße nach allen Seiten, nach oben und unten, streckt die Zehen zum Boden, zieht sie zu euch hin. Könnt ihr die Zehen bewegen? Verschränkt die Füße, und versucht mal, Hände und Füße gleichzeitig zu verschränken.

Mit den Füßen greifen: Murmeln liegen am Boden und werden mit den Füßen in eine Schachtel transportiert. Ein großes Stück Stoff wird mit dem Fuß zusammengelegt. Im Kreis werden verschiedene Gegenstände mit den Füßen weitergegeben.

Figuren laufen: Die Kinder legen mit Seilen verschiedene Formen im Raum. Mit geschlossenen Augen wird versucht, die Seilfiguren nachzulaufen, die Füße tasten die Form.

Die Fußmaler: Die Kinder liegen auf dem Rücken und strecken beide Beine in die Luft. Während das eine Bein bis kurz über den Boden sinkt, malt die andere Fußspitze ein Gesicht, Kreise, Mohrenköpfe... in die Luft. Kann die andere Fußspitze auch so gut malen? Probiert auch, gleichzeitig mit beiden Fußspitzen zu malen.

Fahrrad fahren: Die Füße fahren in der Luft Fahrrad, Skateboard, Rollschuh... Zwei Kinder legen jeweils die rechte und die linke Fußsohle aneinander. Versucht behutsam, miteinander Fahrrad zu fahren, eure Fußsohlen sollen sich nicht lösen.

Der spitze Berg: Rutscht mit dem Po näher zusammen. Drückt eure Fußsohlen gegeneinander und streckt gleichzeitig eure Fußspitzen zur Decke. Ihr seid wie ein hoher, spitzer Berg. Legt zuerst den Po wieder auf den Boden, laßt die Fußsohlen aneinander zum Boden kommen.

Fuß-Ballon: Die Kinder liegen im Kreis auf dem Rücken. Stützt euch auf die Unterarme. Mit den Füßen wird ein dicker Luftballon im Kreis weitergegeben. Ein zweiter Ballon wird ins Spiel gegeben. Kann er den ersten überholen? Variation: Anstelle des Luftballons können andere Bälle genommen werden.

Um die Muskulatur und die Bänder im Fuß zu kräftigen, gehen wir so oft wie möglich barfuß, tragen bequeme Schuhe mit biegsamer Sohle und ernähren uns richtig. Überernährte Menschen belasten unnötig die Tragfähigkeit ihrer Füße.

Spazierengehen: Wo sind wir? Im heißen Sand, auf spitzen Steinen, auf der Wiese oder auf weichem Moos? Wie fühlt sich das an? Wie können wir gehen? Was macht der Körper, wenn wir auf den Zehenspitzen oder den Fersen gehen?

Jetzt sind wir Opa mit dem dicken Bauch, die Hexe mit dem krummen Buckel. Wir verwandeln uns in lustige Figuren, die x- oder o-beinig durch die Welt gehen.

Welche Tiere gehen auf zwei Beinen? Das Känguruh, der Storch, der Pinguin, die Ente... es gibt bestimmt noch viele Tiere, die ihr nachmachen könnt.

Im Schuhgeschäft: Stellt euch vor, ihr seid im Schuhgeschäft. Zieht ein Paar Stöckelschuhe an und trippelt durch den Raum. Ein anderer zieht Hausschuhe an und schlurft hinterher, stapft in Stiefeln, latscht in Sandalen...

Musik, Musik...: Wir stampfen mit den Füßen und einigen uns auf einen Rhythmus. Wir bilden eine Schlange und stampfen durch den Raum, immer in unserem Rhythmus. Dazu klatschen wir mit den Händen oder schnipsen mit den Fingern.

Im Sitzen trommeln wir mit den Füßen, winken mit den Zehen und gehen abwechselnd von der Ferse zu der Fußspitze. So entsteht ein kleiner Fußtanz. Zu Musik legen wir eine Abfolge fest, z.B.

8 Takte Stampfschlange
16 Takte Sitzkreis: mit den Füßen trommeln (8 Takte)
mit den Zehen winken (8 Takte)

Das Tanzbeinlied

Text: »FERRI« G. Feils
Musik: »FERRI«/am. trad.

bewegt

Im Mondenschein tanzt ein Bein, was kann das nur für'n Bein sein?
Am Ende ist das mein Bein, das tanzt von ganz allein.
Und das Bein tanzt von allein!

Ein Fuß, der hüpft im Rhythmus, warum der das wohl tun muß?
Herrjeh, das ist ja mein Fuß, drum kriegt der jetzt 'nen Kuß!
Und das Bein tanzt von allein!
Und der Fuß, der kriegt 'nen Kuß.

Da wackelt ja ein Po, oh, in einem Affentempo.
Was wackelt denn der Po so, ist das vielleicht mein Po?
Und das Bein tanzt von allein!
Und der Fuß, der kriegt 'nen Kuß.
Und der Po wackelt so!

Da bläst sich ja ein Bauch auf, der ist ja ganz schön gut drauf!
Da steht sogar mein Name drauf, dann ist das auch mein Bauch.
Und das Bein tanzt von allein!
Und der Fuß, der kriegt 'nen Kuß.
Und der Po wackelt so!
Und der Bauch, der wiegt sich auch.

Wie komisch dort die Schulter zuckt, wo hat sie sich das abgeguckt?
Ich glaub' auch meine Schulter juckt und gleich wird mitgezuckt.
Und das Bein tanzt von allein!
Und der Fuß, der kriegt 'nen Kuß.
Und der Po wackelt so!
Und der Bauch, der wiegt sich auch.
Die Schulter zuckt, weil es sie juckt.

Was steht denn da für eine Hand, ich glaub' die macht 'n Handstand!
Das ist ja wirklich allerhand, das ist ja meine Hand!
Und das Bein tanzt von allein!
Und der Fuß, der kriegt 'nen Kuß.
Und der Po wackelt so!
Und der Bauch, der wiegt sich auch.
Die Schulter zuckt, weil es sie juckt.
Und die Hand steht elegant.

Die Idee zu diesem Lied kam mir, als ich das amerikanische Volkslied Dry Bones, also »trockene Knochen«, hörte.

Darin wird Strophe um Strophe beschrieben, wie die Knochen zusammenhängen: Der Fußknochen ist verbunden mit dem Schienbeinknochen, der Schienbeinknochen mit dem Knieknochen und so weiter und so weiter. Aber nur trockene Knochen, das fand ich zu knochentrocken. Deshalb hat das Lied auch Hand und Fuß bekommen.

Und Bauch, Schulter und Popo ebenfalls.

Ihr könnt euch ja mal überlegen, was noch so alles am Körper mittanzen kann. Ein paar neue Strophen sind dann schnell gemacht.

Fuß-Quiz: Wir bauen uns einen Vorhang, der ca. 20 cm über dem Boden aufhört. Fußbilder werden aneinandergeklebt und an Holzlatten befestigt.

Verschiedene Kinder sind hinter dem Vorhang und zeigen dem Publikum die Füße. Welcher Fuß gehört zu wem?

Mit den Füßen Geschichten spielen: Die Kinder bemalen ihre Füße mit einem Gesicht und spielen mit den Füßen Theater – hinter einem Vorhang, der ca. 20 cm über dem Boden aufhört. So kann »Romeo« mit einer Blume zwischen den Zehen auf »Julia« mit dem Seidenbändchen warten, ein »Herr« mit Hut auf die »Dame« mit Kopftuch treffen... Ein zorniger Fuß – was macht er? – oder ein zärtlicher Fuß, wie streichelt er? Musik dazu gibt tänzerische Impulse und regt die Ausdrucksfähigkeit an.

Von Kopf bis Fuß

den Kopf verlieren
kopflos sein
Kopf und Bauch
kopflastig
mit dem Kopf durch die Wand
Du kannst dich auf den Kopf stellen – nein!

Unsere Sprache ist reich an Bildern, die uns den Kopf als Ort von Wissen und Verstand sinnbildlich macht. In der Bewegung ist dem Erwachsenen der Kopf oftmals im Weg, z. B. wenn er denkt, jemand könnte über ihn lachen und deshalb seinem Bewegungsimpuls nicht folgt. Es gibt auch Situationen, in denen sich jemand denkt und vorstellt, sich wie eine Welle zu bewegen, er biegt sich aber ganz hölzern.

Zwischen dem Denken und Tun gibt es also eine Diskrepanz. Bei den Erwachsenen natürlich eher als bei den Kindern. Kinder stürzen sich eher »kopfüber« in Spiele und »action« und »stoßen sich dabei gern den Kopf«.

Was geschieht alles mit unserem Kopf? Den Kopf lassen wir hängen, wenn wir traurig sind. Den Kopf heben und recken wir, wenn wir viel sehen wollen und neugierig sind. Im Gesicht spiegeln sich unsere Gefühle wider, die uns bewegen. Und unsere Bewegungen werden durch sie geformt.

Im Kopf befinden sich fast alle wichtigen Sinnesorgane, die Organe für die Wahrnehmung der Umwelt. Zum Kopf gehört die Nase, die riecht, die Ohren, die hören, die Augen, die sehen usw. Deshalb ist auch das Heben des Kopfes für den Säugling eine so wichtige Bewegungsentdeckung und der Beginn des Aufrichtens. Die besondere Bedeutung des Kopfes zeigt sich auch in seiner exponierten Stellung: Wie eine Kugel sitzt er hoch oben auf den letzten Wirbeln der Wirbelsäule und muß ständig ausbalanciert und gehalten werden.

Den Kopf in die Hand: Wie schwer ist dein Kopf?

Kann ich deinen Kopf drehen, ohne daß du es machst?

Ich führe deinen Kopf ganz sachte zur Brust.

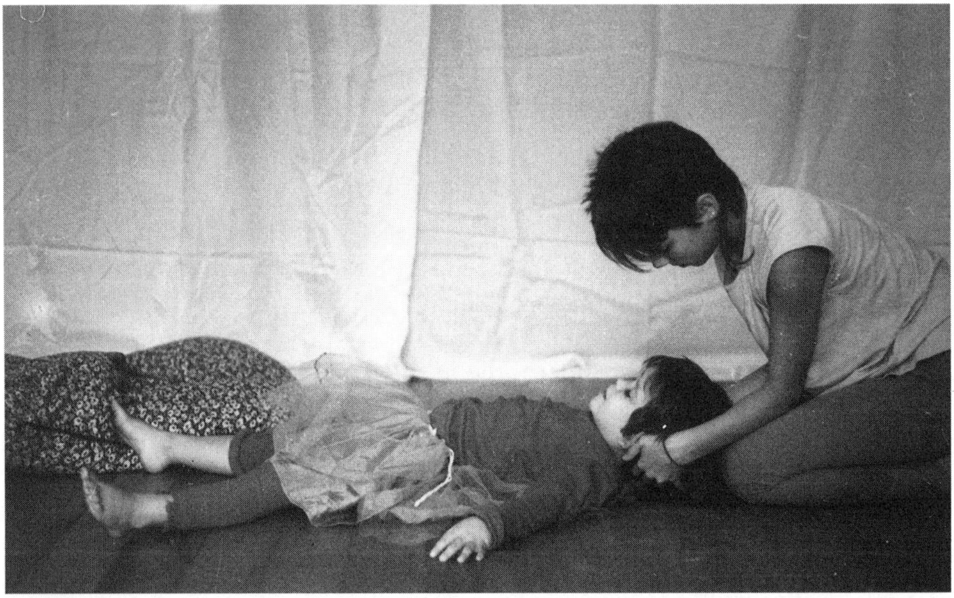

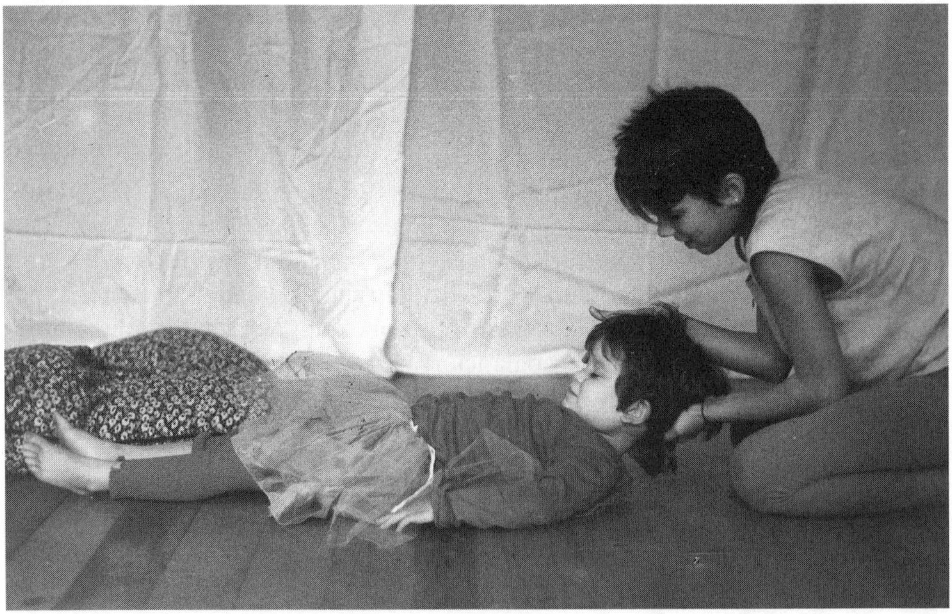

Von Fuß bis Kopf: Im Kreis fassen sich alle an den Händen – das Gewicht ist gut verteilt – beide Füße stehen fest am Boden. Der Po ist locker, die Knie ein wenig gebeugt, der Rücken und der Nacken lang gezogen. Wir stellen uns vor, daß oben auf der Kopfkrone ein Faden befestigt ist und uns zur Decke zieht. Die Schultern hängen, die Arme hängen sich nicht beim anderen ein. Der Kopf beginnt, kleine Kreise zu machen, sehr langsam und behutsam werden die Kreise größer. Der Mund ist leicht geöffnet. Wir stellen uns vor, mit der Nase zu malen: überall hin, kleine Kreise, Linien, Punkte; an die Decke, zur Seite, nach vorn, nach unten. Wie weit kann die Nase nach hinten malen? Nun lassen wir unseren Kopf schwer nach vorn sinken. Dabei wird der Nacken lang. Spürt, wie schwer euer Kopf ist. Laßt langsam eure Nase nach hinten wandern. Jetzt wird der Hals lang. Der Mund will sich öffnen. Laßt den Kopf langsam nach rechts, dann nach links rollen.

Stolzer Hahn: Jeder sucht sich einen Gegenstand und legt ihn sich auf den Kopf – einen Schuh, ein Buch, einen Sandsack – und balanciert mit diesem Gewicht auf dem Kopf im Gehen. Das geht nur, wenn wir unseren Kopf aufrecht halten.

Wer kann beim Gehen den Kopf drehen, sich in die Hocke setzen, auf einem Bein stehen, schneller gehen oder gar ein Lied dazu singen?

Kopfballon: Jedes Kind bläst sich einen Luftballon auf. Der Ballon soll nun mit dem Kopf in der Luft gehalten werden. Probiert aus, den Ballon am Hinterkopf zu halten, den Ballon mit dem linken, dann mit dem rechten Ohr zu stoßen oder mit dem Kinn in der Luft zu halten.

Variation: Zwei Kinder stellen sich gegenüber und versuchen, ihre Ballons mit dem Kopf auszutauschen.

Variation: Zwei Kinder nehmen sich einen Ballon und halten ihn zusammen Rücken an Rücken oder Stirn an Stirn, Ohr an Ohr oder Kopf an Bauch etc. Dazu kann eine Musik gespielt werden, zu der sich die Paare im Raum bewegen, natürlich ohne den Ballon zu verlieren.

Lange Nase: Zwei Kinder stellen sich einander gegenüber. Stellt euch vor, einer hat eine lange, lange Nase. Das andere Kind führt ihn an der »langen Nase« wohin es will. Schnell oder langsam, nach oben oder unten, anhalten und weitermachen zeigt der Bestimmer.

Mein Kopf
sagt dir:
»Guten Tag«

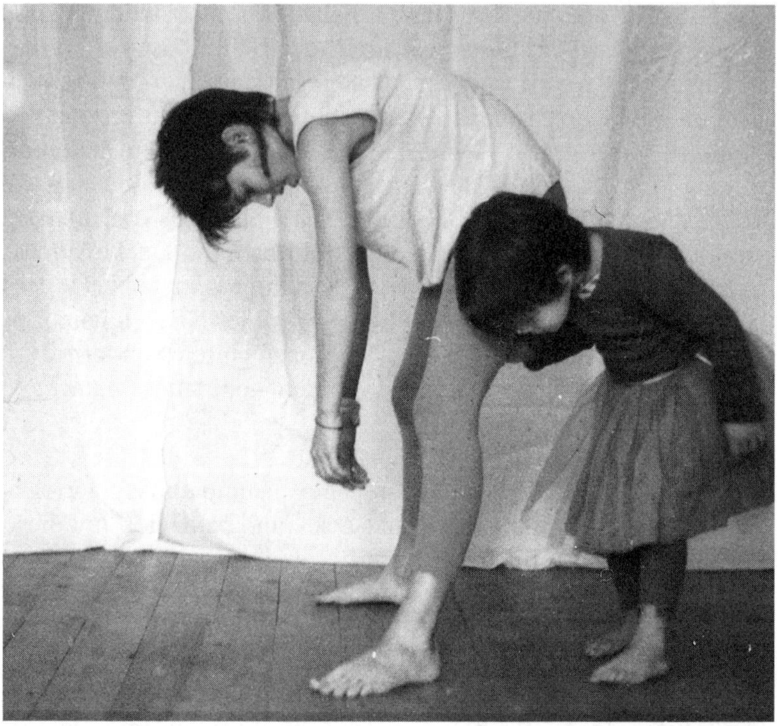

Kopf an Kopf: Zwei Kinder berühren sich mit ihren Köpfen und schließen die Augen. Zu einer ruhigen Musik bewegen sich die Kinder frei im Raum. Mal folge ich dem anderen Kopf, mal der andere Kopf mir. Die Köpfe können sich auch aneinanderrollen.

Gesicht knautschen: Mit dem Gesicht kannst du viel sagen! Probiert es aus!

Augen	–	rollen wie ein Dämon
	–	mit den Augen weit und nach innen schauen
	–	die Augen weit aufreißen
	–	die Augen ganz eng machen
Stirn	–	runzeln
Nase	–	rümpfen
Mund	–	Zähne zeigen, den Mund weit aufreißen, ganz eng machen, die Zunge rausstrecken und langsam wieder zurückziehen.

Variationen: Die Kinder sitzen im Kreis. Ein Kind zeigt allen eine Fratze und zeigt sie dann seinem Nachbarn. Dieser übernimmt die Fratze und antwortet mit einer eigenen Fratze, zeigt sie allen und reicht sie an seinen Nachbarn weiter, der diese wiederum nachahmt etc.

Variation: Die Kinder erfinden eine Fratze mit einem Geräusch oder einem Satz dazu. Beispiel: »Oh, wie bin ich froh!«

Auf dem Kopf stehen: Auf Matten übt sich der Kopfstand noch am besten, damit das Fallen nicht ganz so weh tut.

Die Kinder probieren zunächst allein den Kopfstand.

Es lohnt sich, den Kindern dabei zuzuschauen. Sie werden beobachten können, daß die Kinder in den verschiedenen Phasen den Kopfstand beherrschen.

Um dieses zu verstehen, versuchen Sie den Aufbau des Kopfstands an sich selbst nachzuvollziehen:

Dazu setzen Sie sich auf die Fersen. Legen Sie Ihre Unterarme vor sich auf den Boden und falten die Hände. Legen Sie Ihren Kopf auf Hände und Boden. Nun krabbeln Sie mit den Füßen in Richtung Kopf, dabei hebt sich das Becken, der Rücken wird lang, das Gewicht kann sich zwischen Händen und Ellenbogen – wie in einem Dreieck – gleichermaßen verteilen. Das Becken ist der Angelpunkt für den nächsten Schritt. Es hebt sich über diese Unterstützungsfläche. Der Brustkorb hebt sich ebenfalls und der Rest ist ein leichtes: Die Beine müssen ohne Muskelkraft nur ausgestreckt werden.

Haben Sie es selber an sich ausprobiert, wissen Sie, wo Sie die Kinder unterstützen können.

Gestaltung für Ältere: Mit dem Kopf verständigen sich Menschen. Sie schütteln den Kopf, nicken, machen sogar manchmal einen Kopfstand vor Ausgelassenheit. Für unser Spiel soll die alltägliche Körpersprache aufgegriffen werden. Beobachten wir, wie sich Menschen in unserem Alltag verständigen. Eine Beobachtung wird sein, daß sich Menschen in ihrer Sprache und ihrem Gestus widersprechen. Jemand sagt: »Ja, ich will ins Kino gehen.« Seine Körpersprache sagt aber: »Eigentlich bin ich zu müde.«

Bausteine für ein Spiel

Ja- und Neinsager: Alle gehen frei im Raum und probieren auf verschiedene Arten aus zu gehen:

Beispiele, die anregen:

Wie gehe ich?: Wir gehen auf verschiedenem Untergrund...

...barfuß über spitze Steine	...ein alter Mann
...durch hohen Schnee	...ein Seemann
...über heißen Sand	...ein Blinder, vom Hund geführt
...über Glatteis	...ein Betrunkener
...an einem Abgrund entlang	...ein Einbrecher usw.
oder wie geht...	

Eine Geste zum Ja: Nun wird die Gruppe geteilt. Die eine Gruppe wird zu Jasagern erklärt. Alle probieren im Stehen aus, welche verschiedenen Möglichkeiten es gibt, »ja« zu sagen. Jede findet eine Geste, die ihr gefällt. Die Spielleiter/In trommelt ein durchgängiges Metrum, alle gehen dazu frei im Raum. Wenn die Trommel anhält, macht jede eine Geste mit dem Kopf. Beim nächsten Stopp versuchen alle Kinder, ihre Geste großartiger zu machen, beim nächsten Mal ganz klein und zaghaft. Nun kommen die Neinsager auf den Schauplatz des Geschehens.

Eine Geste zum Nein: Auch sie probieren verschiedene Möglichkeiten aus, »nein« zu sagen... zurückhaltend, angedeutet, kräftig etc.

Sätze erfinden: Jetzt kommen die Jasager in den Raum und suchen sich jeweils einen Neinsager. Der Jasager stellt seine Geste vor, und der Neinsager erfindet einen Satz dazu. (Merken!) Zum Kopfnicken des Jasagers fällt dem Neinsager z.B. ein: »Ich esse gern Schokolade.« Umgekehrt das gleiche. Jeder merkt sich den Satz, den er für den anderen gefunden hat, und den Satz, den er vom anderen zugeordnet bekommen hat.

Jasager spielen: *Spiel:* Die Jasager gehen in eine Ecke des Raumes, die Neinsager in die andere. Die Jasager gehen zunächst im Raum durcheinander. Auf ein Zeichen der SpielleiterIn halten alle inne, machen ihre Kopfbewegung und sagen den Satz, den ihr Partner für sie gefunden hat. Und gehen weiter. Die Jasager treffen sich zu zweit und machen ihre Kopfbewegung und sagen ihren Satz. Einer versucht, den anderen zu übertrumpfen.

Macht eure Geste mal klein, mal groß, eckig, flüchtig. Sagt euren Satz mal laut, mal leise, mal zärtlich, freundlich oder böse. Die Begegnungen können ganz verschieden ausfallen: Einer macht eine flüchtige Ja-Kopfbewegung und sagt den Satz leise, während der andere eine große Bewegung dagegen setzt und seinen Satz böse spricht.

Neinsager spielen: Die Gruppe der Neinsager probiert das gleiche. Nun laufen die Jasager und die Neinsager durcheinander im Raum.

Jasager treffen Neinsager: Ein Jasager trifft einen Neinsager. Beide versuchen, sich gegenseitig mit ihrer jeweiligen Geste und ihrem Satz zu überzeugen. Jeder übernimmt nun für seine Bewegung den Satz des anderen.

Beispiel: Ich drehe den Kopf weg und sage: »Ich esse gern Schokolade.« Dadurch entsteht die oft erlebte widersprüchliche Aussage.

Spielszene: Daraus kann ein kleines Stück entstehen: Die Kinder stellen sich in eine Reihe. Der erste beginnt auf einen Punkt im Raum zuzugehen, zu hinken, zu stolpern oder gar zu rennen, bleibt stehen, macht seine Geste und die widersprechende Aussage dazu. Ein zweiter reagiert darauf, geht auf seine Weise auf einen anderen Punkt im Raum zu, bleibt stehen und antwortet mit seiner Geste etc. Dabei entstehen unsinnige Unterhaltungen zwischen den Spielern, sogar kleine Spielszenen, die auch dem Beschauer viel Spaß machen.

Variation: Die Spielaufgabe kann noch offener gestellt werden. Ein Spiel wird gefunden, indem sich jeder aus der Vielfalt an alltäglichen Kopfbewegungen eine heraussucht. Auch dazu findet jeder einen entsprechenden und widersprüchlichen Satz.

Die Spielmöglichkeiten sind die gleichen, wie oben beschrieben. Einfach mal ausprobieren!

Ein schöner Rücken kann auch entzücken

Rücken entdecken

Das Gerüst unseres Körpers: Unserem Rücken schenken wir oft dann erst die nötige Aufmerksamkeit, wenn er weh tut. Zu unrecht, wenn wir bedenken, daß sich hier die Achse unseres Körpers befindet, um die sich alles dreht – die Wirbelsäule. Sie ist zugleich das Gerüst des Körpers. In ihr verlaufen alle lebenswichtigen Nerven. Auf ihr ruht der Kopf. Arme und Beine sind ihr über Schultergürtel bzw. Becken zugeordnet. Erst die Beweglichkeit der Wirbelsäule ermöglicht eine fließende Verbindung von Arm- und Beinbewegungen, wie z. B. beim Laufen oder Springen. Stellen Sie sich vor, Ihr gesamter Rumpf stecke in einem festen Gipskorsett. Wie würden Sie gehen? Könnten Sie sich ohne fremde Hilfe setzen? Schon eine Drehung Ihres Kopfes wäre bei einer unbeweglichen Wirbelsäule unmöglich.

Bewegungen aus der Körpermitte: Bewegungen, die wir in unserer Körpermitte – in Höhe des Bauchnabels – ansetzen, sind nicht nur schöner anzusehen, sondern auch leichter und weiträumiger. Vergleichen Sie selbst. Wie greifen Sie leichter und weiter nach oben? Strecken Sie zuerst nur Ihren Arm zur Decke. Strecken Sie dann Ihren gesamten Rumpf. Der nach oben gerichtete Arm wird sich von selbst verlängern, und Sie können sich leicht auf die Fußspitzen heben. Will ich mich nach dieser »optimalen« Streckung klein machen, fange ich von der Körpermitte aus an, mich einzurollen, indem ich den Bauchnabel einziehe. So kann ich mich in schnellem Wechsel strecken, biegen, strecken...

Die aufrechte Haltung: Nicht zuletzt sind Rücken und Wirbelsäule das Zentrum für eine *aufrechte Haltung*. Sie ist Ziel und Ergebnis fast aller Bewegungsentdeckungen, die das Kleinkind von Geburt an macht: Es dreht sich von der Rückenlage auf den Bauch, hebt den Kopf, lernt Arme und Beine zu benutzen und macht so den gesamten Rumpf beweglich. Später kriecht es auf dem Bauch, krabbelt auf allen Vieren, entdeckt das Sitzen und probiert das Stehen. In all diesen Entwicklungsschritten erarbeitet sich das Kind die körperlichen Voraussetzungen zur aufrechten Haltung. Die Wichtigkeit von Rumpf und Rücken wird nur im Zusammenspiel mit allen Körperteilen deutlich.

Ausprobieren: Was ist die aufrechte Haltung? Probieren Sie es selbst aus. Ziehen Sie Ihre Schuhe aus, und stellen Sie Ihre Füße etwa schulterbreit. Ist Ihr Gewicht gleichmäßig auf beide Füße verteilt? Stehen Sie mehr auf den Fußballen, mehr auf den Fersen? Nutzen Sie den ganzen Fuß als Standfläche. Lassen Sie Ihre Füße den Boden spüren. Wenden Sie jetzt Ihre Aufmerksamkeit dem anderen Ende der aufrechten Haltung, dem Kopf, zu. Machen Sie Ihren Nacken lang, indem Sie den Scheitel zur Decke heben. Spüren Sie, wie sich Nacken und Wirbelsäule strecken? Stellen Sie sich nun vor, Ihre Wirbelsäule hängt wie eine Gliederkette von Ihrem Kopf aus nach unten. Auch das Becken hängt. Die Knie sind leicht gebeugt. Die Füße wachsen in den Boden. Verfolgen Sie in Gedanken die Verbindung zwischen Ihren Füßen und dem Kopf. Das ist die aufrechte Haltung im Stehen. Mit jeder Bewegungsveränderung (gehen, sitzen, knien usw.) müssen Sie die aufrechte Haltung neu aufbauen, um der veränderten Schwerkraft entgegenzuwirken.

Wenn der Rücken müde wird: Die Aufrichtung des Rumpfes, die uns Menschen von den Tieren unterscheidet, geht am meisten zu Lasten der Wirbelsäule und der Rückenmuskulatur. Beobachten Sie sich einmal selbst, wie oft Sie sich im Verlauf eines Tages am Tisch oder Stuhl abstützen, an die Wand anlehnen, um damit vor allem die Rückenmuskulatur, aber auch die Bein- und Bauchmuskulatur, die Hüft-, Knie- und Fußgelenke zu entlasten. Dabei können Verspannungen dadurch auftreten, daß einzelne Körperteile zuwenig, andere übermäßig in Anspruch genommen werden. Solche oft schmerzhaften Schwächen im Aufbau der Haltung sind nicht nur im Rückenbereich, sondern zugleich in der Haltung der Füße, der Koordination der obengenannten Gelenke, der Kopfhaltung und der Haltekraft der Bauchmuskulatur zu suchen.

Der Aufbau von Rücken und Wirbelsäule

Meine Wirbelsäule: Spüren Sie zuerst wieder bei sich selbst nach. Legen Sie sich auf den Rücken, schließen Sie die Augen, und spüren Sie, wie Ihr Körper, angefangen von den Füßen bis zum Kopf, am Boden aufliegt (vgl. Kapitel: Entspannung »Im Sand liegen«). Verfolgen Sie in Gedanken die Form Ihrer Wirbelsäule vom Steiß bis zum Kopf. Öffnen Sie Ihre Augen, und malen Sie *Ihr* Bild Ihrer Wirbelsäule auf ein bereitgelegtes Blatt. An welchen Stellen haben Sie eine besonders starke Biegung empfunden? Orientieren Sie sich nicht am anatomisch »richtigen« Bild der Wirbelsäule. Erst jetzt sollten Sie weiterlesen.

Die Wirbelsäule ist doppel-S-förmig geschwungen und kann so die auf den Körper einwirkenden Stöße federnd abfangen. Sie ist aus 33–34 aufeinandergetürmten Wirbeln zusammengefügt, die durch Zwischenwirbelscheiben (Bandscheiben) gegeneinander beweglich sind. Die Rücken-, Bauch- und Brustmuskulatur stützt und hält die bewegliche Gliederkette der Wirbelsäule. Unterstützend wirken Bänder, die an der äußeren und inneren Seite der Wirbel befestigt sind. Sie sorgen dafür, daß sich die Wirbel nicht zu sehr gegeneinander biegen und daß die Form der Wirbelsäule erhalten bleibt.

Haltungsschwächen: Wenn Kinder oft schwere Schultaschen an der Hand tragen oder dauerhaft im Brustkorb einsinken, können sie die jeweiligen Bänder an einer Stelle so sehr dehnen, an einer anderen so verkürzen, daß sie ihre Stütz- und Haltefunktion verlieren. Ermüdet zugleich auch die Muskulatur, entstehen Haltungsschwächen. Häufig sind die seitliche Verbiegung, der Rundrücken und der Hohlrücken. Biegt sich die Wirbelsäule an einer Stelle aus der »normalen« Form, bewirkt dies meist an einer anderen Stelle eine »ausgleichende« Verbiegung, wie z. B. beim Hohl-/Rundrücken. Die zunehmenden Haltungsschwächen bei Kindern und Jugendlichen können Sie sicher auch in Ihrer Gruppe beobachten. Dem entgegenzuwirken, ist besonders deshalb wichtig, weil die Wirbelsäule noch bis zum 20. Lebensjahr wächst und sich verknöchert. Haltungsschwächen wachsen mit und können sich zu Haltungsschäden festigen, die nicht mehr ausgleichbar sind. Durch spielerisches Üben können wir Erwachsene den Kindern und Jugendlichen helfen, während des ständigen Wachstums immer wieder die körperlichen Voraussetzungen für eine gesunde Haltung zu entwickeln.

Auch das psychische Befinden schlägt sich beim Kind ebenso wie beim Erwachsenen in der Haltung nieder. »Laß dich nicht hängen!«, »Kopf hoch!« sind unzureichende Versuche, zur aufrechten Haltung und zum aktiven Umgang mit den anstehenden Problemen zu ermuntern. Aufmerksames Beobachten ist auch hier eine wesentliche Voraussetzung, um dem Kind im körperlichen *und* seelischen Bereich Hilfestellungen geben zu können.

Rückenspiele

Die folgenden Spiel- und Übungsbeispiele sind zur besseren Übersicht jeweils einem Förderungsschwerpunkt zugeordnet, können jedoch immer auch unter anderen Schwerpunkten verwendet werden.

Den Rücken spüren und erforschen

Rückenmalen: Ein Kind liegt bequem auf dem Bauch. Ein anderes malt mit dem Finger ein Bild auf dessen Rücken oder schreibt einen Buchstaben darauf. Was war es? Nach jedem Bild oder Buchstaben streicht der »Maler« über den Rücken des Liegenden – er ist freigewischt für das nächste. Nach einer Weile wird gewechselt. Dies ist ein zärtliches, genüßliches und entspannendes Spiel, das auch im Sitzen z. B. in der Schulbank gespielt werden kann.

Körperbild: Ein Kind legt sich in Rückenlage auf einen großen Bogen Papier. Ein anderes Kind malt mit einem dicken Stift seine Körperumrisse; fährt den Kopf, den Hals, die Schultern, den Arm, die Hand, die einzelnen Finger usw. entlang, einmal rund um den Körper. Es wird gewechselt.

Wir können bei uns selber nachschauen und dann in unser Körperbild mit bunten Farben einzeichnen, wo die Wirbelsäule ist, wo das Becken, die Taille, der Bauch, die Brust, die Rippen, die Schultern, die Schulterblätter, evtl. auch die inneren Organe (Herz, Lunge, Magen...) liegen.

Die Fähigkeit, einzelne Körperteile zu benennen, ist eine wichtige Voraussetzung für bewußtes, gezieltes und koordiniertes Bewegen einzelner Körperteile.

Rücken raten: Ein Kind legt sich ausgestreckt auf den Bauch, den Kopf auf eine Wange. Das andere Kind legt zart eine Handfläche auf eine Stelle des Rückens und fragt: Wo liegt meine Hand? Das liegende Kind antwortet: auf der Wirbelsäule, auf den Rippen, auf dem Po usw.

Katzenbuckel: Ein Kind im Krabbelstand ist die Katze. Das Körpergewicht ist gleichmäßig auf Hände und Knie verteilt. Ein anderes legt die Hand an irgendeiner Stelle auf die Wirbelsäule. Genau dort rundet die Katze ihren Rücken zum Katzenbuckel. Sie kann dabei auch fauchen (das heißt: ausatmen). Genug gefaucht, Katze! Laß' deinen Bauch nach unten hängen und atme ein. Zugleich wandert die Hand des Partners an eine andere Stelle der Wirbelsäule, und wieder macht die Katze fauchend ihren Buckel.

Po knautschen: Ein Kind liegt auf dem Rücken und zieht die Knie zum Körper. Ein anderes massiert mit den Fußsohlen dessen Po. Dann greift es mit den Füßen unter den Po, drückt mit einem Fuß gegen das Steißbein des liegenden Kindes und hebt so dessen Po mehr und mehr vom Boden, bis die Knie neben den Ohren liegen. Legt den Po *behutsam* wieder zurück auf den Boden und wechselt. Wer hat die zärtlichsten Füße?

Kriechen und Krabbeln

Beides sind von den Kindern unwillkürlich gewählte Bewegungsformen zur Kräftigung der Muskulatur und zum beweglich halten der Gelenke. Deshalb sollte man ihnen so oft wie möglich Gelegenheit dazu geben. Ein warmer, weicher Fußboden in den Spielräumen der Kinder ist eine Voraussetzung dafür. Haben die Kinder diese Möglichkeiten, dann braucht man ihnen nur zuzuschauen, um auf vielerlei Bewegungsideen zu kommen bzw. an ihren Ideen anzuknüpfen.

Slalombahn: Die Kinder umkrabbeln Gegenstände, die sie zu einer Slalombahn aufgebaut haben (Kegel, Flaschen, eine Puppe, Spielzeugkisten, Kartons usw.). Kein Gegenstand darf berührt werden, das zweite Kind versucht, das erste einzuholen. Habt ihr euch die Slalombahn gut eingeprägt? Versucht einmal, mit geschlossenen Augen durchzukrabbeln. Stühle, Bänke, Zauberschnur, Kästen, auch Menschen eignen sich zum Berg- und Talkrabbeln, mal drüber, mal drunter durch.

Geistertunnel: Ein großes, dickes Tuch oder mehrere Decken werden über Tische gelegt. Fertig ist der Geistertunnel. Wer durchkrabbelt, wird gekitzelt oder an einer anderen Stelle durch gruselige Geräusche erschreckt oder gestreichelt oder muß durch ein Loch in einem großen Karton krabbeln. Am Ende des Tunnels erwartet ihn ein Geisterorden oder ein frischer Wind, der ihm ins Gesicht gepustet wird.

Auto fahren: Jedes Kind nimmt ein Fahrzeug in die Hand und schiebt es im Krabbeln vorwärts. Auch Bausteine und Schuhe können in Autos verwandelt werden. Mit selbstgebastelten Autos macht es besonders viel Spaß. Meins ist ein alter VW mit Schiebedach, und deins? Wir können schnell und langsam, vorwärts und rückwärts fahren, in eine Parklücke einparken. An einer Bahnschranke müssen wir anhalten. Es bildet sich eine lange Schlange. Wollen wir ins Land der vielen Tunnel fahren? Die Hälfte der Kinder bleibt auf allen Vieren stehen, die anderen krabbeln unter ihnen durch. Die Tunnel verwandeln sich in hohe Berge. Ob unsere Autos darüber kommen? Vorsichtig fahren wir über die Hand, den Arm, die Schulter, den runden Rücken bis zur höchsten Stelle und dann wieder abwärts über den Po, die Ober- und Unterschenkel.

Auf allen Vieren: Wie ein Tiger, der sich an die Beute schleicht. Das rechte Knie und die rechte Hand greifen weit vor. Die linke Seite tut das gleiche. Probiert es auch rückwärts wie eine Raupe: Die Raupe schläft und macht sich rund. Sie wacht auf und probiert aus, wie lang sie schon ist. Dazu streckt sie sich auf dem Bauch lang aus. Jetzt krabbelt sie. Hebt euer Hinterteil so hoch es geht, und schiebt euch vorwärts. Berührt jemand die Raupe, macht sie sich zum Schutz ganz rund.

Stärkung der Rumpfmuskulatur

Hampelmann: Legt euch auf den Rücken und streckt die Fersen zur Decke. Versucht abwechselnd hinter dem rechten und dem linken Knie in die Hände zu klatschen.

Knie küssen: Faltet eure Hände und legt sie unter euren Hinterkopf. Hebt den Kopf mit den Händen, und versucht abwechselnd dem rechten und dem linken Knie einen Kuß zu geben. Könnt ihr auch beide Knie gleichzeitig küssen? Die Spielleiterin kann den Nacken der Kinder entlang streichen und damit die Rundung ihres Rückens unterstützen.

Rückenschaukel: Die Kinder sitzen auf dem Boden. Zieht mit den Händen eure Knie zu euch, und macht euch klein und rund. Laßt euch nach hinten und wieder nach vorn rollen. Streckt beim Zurückrollen eure Fersen nach hinten. Das gibt Schwung. Könnt ihr beim Vorschaukeln bis in die Hocke kommen?

Das freche Kinn: Die Kinder liegen im Kreis auf dem Bauch, den Kopf zur Kreismitte. Legt die Handflächen neben die Ohren und den Kopf auf die Stirn. Das freche Kinn schiebt sich vor und zieht sich wieder zurück. Diesmal ist es mutiger, es schiebt sich vor, weit vor und will hoch zur Decke. Der Oberkörper hebt sich dabei vom Boden, vor allem das Brustbein. Hände und Arme stützen leicht. Das freche Kinn wandert zurück: weit nach vorn und zieht sich zurück bis ihr wieder auf der Stirn liegt.

Trommelfüße: Die Kinder liegen auf dem Bauch und schauen zur Kreismitte. Die Hände trommeln einen Rhythmus auf den Boden. Die Spielleiterin beginnt. Haben die Hände genug getrommelt, sind die Füße dran. Mit gestreckten Beinen und Fußspitzen trommeln sie den gleichen Rhythmus auf den Boden. Rhythmische Musik kann dieses Spiel unterstützen.

Bauchschaukel: Die Hände fassen die Fußknöchel. Das freche Kinn wandert hoch zur Decke. Schaukelt euch auf dem Bauch.

Baumstämme: Die Kinder liegen – die Arme nach vorn gestreckt – auf dem Bauch wie Baumstämme. Die Baumstämme rollen durch den Raum, einen Berg hoch und runter, manchmal sogar übereinander. Die Baumstämme lassen sich auch rollen. Vorsicht, sie sind schwer! Am besten lassen sie sich rollen, wenn man sie in der Mitte (am Becken) rollt.

Baumtransport: Möglichst viele Baumstämme legen sich auf dem Bauch nebeneinander. Ein Kind legt sich bis zum Bauch auf die Pos der letzten Kinder und streckt Arme und Beine. Sobald der erste Baumstamm beginnt, nach vorn zu rollen, rollt auch der zweite, der dritte, der vierte usw. Langsam wird das Kind über die Pos der anderen Kinder nach vorn transportiert. Jedes Kind sollte einmal in diesen Transport-Genuß kommen – auch die kräftigen, dicken Kinder.

Po wandern: Die Kinder sitzen mit gestreckten Beinen und wandern auf dem Po durch den Raum, vorwärts, rückwärts. Mit Musik macht es noch mehr Spaß. Zwei Kinder setzen sich Rücken an Rücken. Mal schiebt der eine, mal der andere. Probiert das gleiche auch Füße an Füße und Füße an Rücken. Ihr könnt auch alle zusammen zu einem langen Bummelzug werden.

Rücken spüren: Zwei gleich große Kinder stehen Rücken an Rücken aneinander. Spürt, wie sich der andere Rücken, der Po, die Schultern anfühlen. Stellt euch vor, ihr beide seid ein Baum, der sich im Wind hin- und herwiegt. Eine zarte Musik kann das Zusammenspiel mit dem anderen Rücken erleichtern. Zum Schluß versucht, euch gegenseitig wegzudrücken.

Sitzfußball: Die Kinder sitzen am Boden, stützen sich auf Hände und Füße und führen mit den Füßen den Ball.

Dehnen der Rumpfmuskulatur

Luftballon-Dehnung: Nehmt einen Luftballon in beide Hände, und probiert aus, wie weit ihr euch nach vorn, zur Decke, nach hinten und wie weit ihr euch über den Kopf nach links und rechts strecken könnt. Haltet vor jeder Streckung den Luftballon vor euren Bauch und atmet aus. Atmet langsam ein, wenn ihr euch streckt. Geht zu zweit zusammen und probiert, euch zu einem Torbogen zu strecken.

Variation: Beim Ausatmen summen. Das fördert einen gleichmäßigen Atemfluß.

Meist werden die Fingerspitzen zur Decke, d.h. nur der Arm aus dem Schultergelenk nach oben gestreckt. Die Luftballons dagegen bewirken ein Herausstrecken aus dem Rumpf.

Die Wirbelsäule beweglich machen

Die Katze schleckt die Milch: Wie macht das eine Katze? Probiert es aus, und zeigt es euch gegenseitig. Meine Katze macht es so: Krabbelstand, die Fingerspitzen zeigen nach vorn, das Körpergerwicht ist gleichmäßig auf Arme und Knie verteilt. Die Katze macht einen Buckel und betrachtet sich ihren Bauch. Dabei wird die Wirbelsäule rund und der Nacken lang.

Sie setzt sich mit dem Hinterteil zu den Fersen und streckt genüßlich ihre Vorderpfoten aus. Sie schiebt zuerst das Kinn, dann die Brust über den Boden, macht wieder einen Buckel und sieht nach, ob die Milch schon im Bauch ist. Sie schiebt wieder das Kinn... usw. Das macht sie solange, bis die Milch ganz aufgeschleckt ist.

Die Katze betrachtet ihr Hinterteil: Die Kinder befestigen sich einen »Schwanz« an ihrem »Hinterteil« und versuchen, auf allen Vieren damit zu wedeln. Betrachtet euch euren Schwanz (Steiß und Kopf bewegen sich zueinander) mal von der einen, mal von der anderen Seite, mehrmals. Die Hilfe der Spielleiterin ist hierbei wichtig, um die Koordination von Becken-, Rumpf- und Kopfbewegung zu unterstützen.

Der Schwanz malt, die Nase malt: Euer Schwanz kann unsichtbar in die Luft malen. Probiert es aus, und malt z.B. ein Haus oder euren Namen oder ein Gesicht in die Luft. Könnt ihr das gleiche auch mit eurer Nase in die Luft malen? (Becken- und Kopfkreisen)

Rücken verstecken: Zwei Kindern/Jugendlichen wird ein Zettel an ihrem Rükken befestigt, auf dem in großen Buchstaben ein Wort steht oder ein Bild aufgemalt ist oder der einfach nur eine bestimmte Farbe hat. Beide dürfen nicht sehen, was auf ihre Zettel gemalt wird. Auf »Los« versucht jedes, einen Blick auf den Zettel am Rücken des anderen zu werfen und zugleich den Zettel auf dem eigenen Rücken gut vor den Blicken des anderen zu verbergen. Keines darf das andere berühren oder festhalten.

Bunte Bänder: *Für Ältere:* Aus Futterstoff werden etwa 3 cm breite und – je nach Größe der Kinder/Jugendlichen – ca. 2 m lange Bänder geschnitten. Nehmt ein Band, und versucht, große Kreise, Spiralen, Schlangenlinien usw. in die Luft zu malen. Das Band soll den Boden nicht berühren. Das Bänder-Wirbeln gelingt um so besser, je geschmeidiger der Rumpf sich bewegt. Weil es anstrengend ist und man dazu viel Platz braucht, kann die Hälfte der Gruppe zuschauen. Mit Musik kann das Bänder-Wirbeln zu einer »Zirkus-Nummer« werden (Musikbeispiel: Flerk, Circus).

Wellen: Ein großes, möglichst blaues Tuch, das alle Kinder rundherum anfassen, wird zum Meer. Macht große und kleine Wellen, laßt das Meer unruhig, aufgewühlt und wieder ruhig werden. Einige können sich unter das Tuch auf den Boden legen, sich das Meer von unten betrachten und die Wellen über sich rauschen lassen. Legt das Tuch beiseite, und verwandelt euch selbst in Wellen. Zuerst nur die Hände, dann die Arme, den Rücken und den ganzen Körper. Laßt eure Wellen durch den ganzen Raum fließen.

Macht kleine Wellen am Boden und große Wellen, die höher sind als ihr selbst. Dazu kann »Wellen-Musik« eingespielt werden, z. B. Deuter, Aum und Deuter, Ekstasy: Blue Waves Gold.

Stellt in kleinen Gruppen ein Meer dar, ein bewegtes, ein ruhiges Meer. Aus dem Meer kann ein Meergeist aufsteigen, ein Boot kann im Meer schaukeln, oder viele kleine Fische können darin schwimmen.

In die Brücke kommen: Die *Brücke* ist eine »Status-Übung«. Wer sie kann, gilt als gelenkig. Aber auch, wer seinen Rücken für wenig biegsam hält, kann sich auf den Weg machen, sie zu erlernen. Läßt man sich Zeit, wird man mehr und mehr Geschmeidigkeit im Rücken entwickeln. Betrachtet man schon die vorbereitenden Übungen als Entdeckungsreise, wird man sich irgendwann wie von selbst in die Brücke heben.

Hände dehnen: Betrachtet eure rechte Handfläche. Streckt die Finger, faßt sie mit der anderen, der linken Hand, zieht die Fingerspitzen der rechten Hand in Richtung Ellenbogen, und streckt das Handgelenk weit nach vorn. In der Hand und im Unterarm werdet ihr eine starke Dehnung spüren. Macht das gleiche mit der linken Hand.

Hände wandern: Legt euch auf den Rücken, und stellt eure Füße auf. Streckt die Fingerspitzen zur Decke, und laßt sie dann zu euren Ohren wandern, bis eure Handflächen dort auf dem Boden aufliegen.

Schiebt nun die Handflächen so weit es geht am Boden entlang nach hinten, bis nur noch die Fingerspitzen den Boden berühren können. Streckt sie wieder zur Decke, und wiederholt alles einige Male.

Wirbelsäule dehnen: Bleibt auf dem Rücken liegen. Die Füße sind aufgestellt. Faßt die Fersen mit den Fingern, und drückt eure gesamte Wirbelsäule in den Boden. Laßt das Kinn zur Brust wandern, und verlängert so euren Nacken. Spürt ihr, wie die Wirbelsäule sich streckt?

Becken heben: Dies ist die Ausgangslage für den nächsten Übungsschritt.

Drückt die Fersen in den Boden, und hebt das Becken Wirbel für Wirbel vom Boden, so hoch es geht. Geht den gleichen Weg zurück. Legt den Rücken Wirbel für Wirbel am Boden ab. Zuletzt kommen Becken und Po zum Boden. Wenn ihr das einige Male wiederholt habt, dann hebt das Becken mit dem Einatmen, und senkt es mit dem Ausatmen.

Kopf stehen: Laßt jetzt die Handflächen neben die Ohren wandern. Hebt noch einmal das Becken so hoch ihr könnt, und drückt dabei eure Fersen fest in den Boden. Drückt auch eure Handballen fest in den Boden, und schiebt das Becken in die Richtung der Knie, so daß der Kopf auf die Kopfkrone rutscht und Augen und Nase nach hinten schauen. So, das reicht fürs erste. Zieht euer Kinn zu euch, und legt den Rücken Wirbel für Wirbel am Boden ab, das Becken zuletzt. Probiert das mehrmals. Könnt ihr die Wellenbewegung spüren, die die Wirbelsäule macht?

Die Brücke: Wenn euch das nach einiger Zeit des Übens immer besser gelingt, dann schiebt das Becken noch weiter zu den Knien, und hebt es zugleich nach oben. Unterstützt euch dabei durch festen Druck der Fersen und der Handballen in den Boden. Hebt euch in die Brücke.

Füße hinter den Kopf zaubern

Die folgende Bildserie ist in Einzelarbeit mit einem dreijährigen Mädchen entstanden. Die Beweglichkeit der Wirbelsäule und die Kräftigung der Körpermitte ist unser Thema. Zu Beginn der Bewegungsfolge konzentrieren wir uns auf den Atem zur Lösung von Spannungen im Körper. Auch Kinder genießen körperliche Ruhe und Entspannung – die Bilder sprechen für sich selbst. Durch bildhafte Anleitung lernen Kinder, wie die Wirbelsäule durch das Heben des Kopfes oder des Beckens gebogen wird. Versuchen Sie zunächst selbst, die kleinen Folgen körperlich nachzuvollziehen. Sie können dann auch Kinder in ihrer Bewegung einfühlsamer unterstützen und gleichzeitig ihre eigene Beweglichkeit fördern und erhalten.

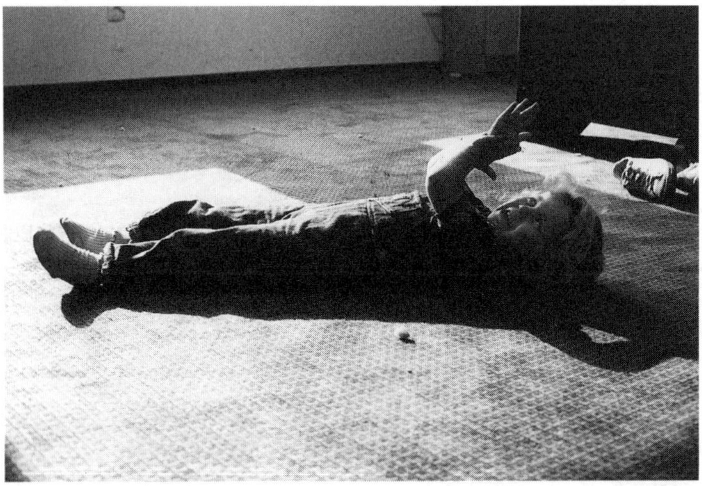

Hände rubbeln
Nimm deine Hände, und reibe sie fest und schnell aneinander, bis sie warm werden.

Schlummern
Lege die Handballen auf die Augenhöhlen – die Augen ruhen sich unter den warmen Händen aus.

Sich aufblasen
Laß die Hände über das Gesicht auf den Brustkorb gleiten. Wenn du einatmest, wird er größer – beim Ausatmen sinkt er zusammen.

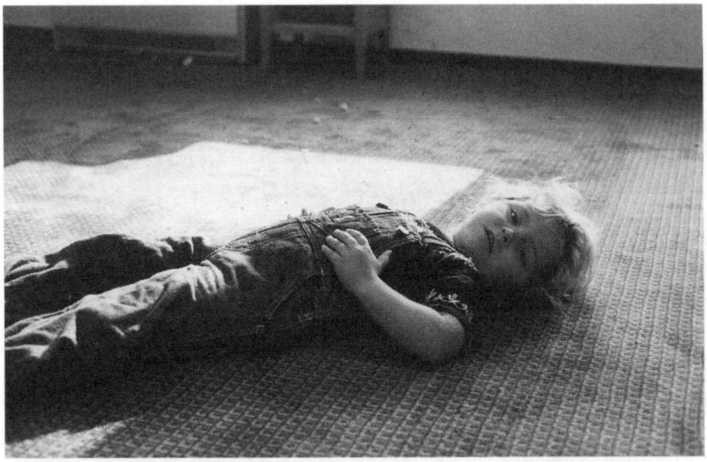

Jetzt blasen wir uns an den Rippen auf und atmen langsam aus.

Der Bauch wird zum dicken, runden Luftballon – bis du die Luft wieder ausströmen läßt.

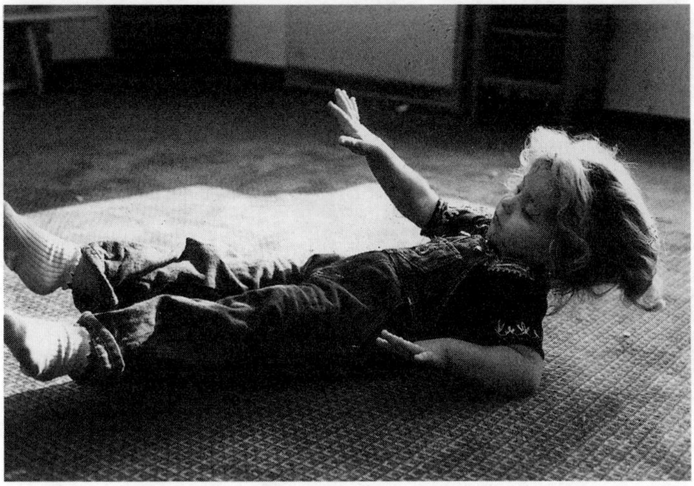

Die Nase wandert zum Knie
Langsam hebt sich dein Kopf – die Nase wandert nach oben…

...zum Knie.
Mit den Händen wird der Kopf noch schwerer, die Nase sinkt tiefer...

...bis sie wieder langsam nach oben wandert und du aufrecht sitzt. Lege dich dann Wirbel für Wirbel zurück auf den Rücken. Die Hände unterstützen dich auf deinem Weg.

Wir zaubern die Füße hinter den Kopf,

...zaubern sie wieder zurück und stellen die Fußsohlen auf...

Der Po wandert
Drücke die Fersen in den Boden, und laß den Po nach oben wandern

...bis du auf dem Kopf stehst

Mach dich zum Abschluß klein und rund und ruhe dich aus.

Zauberspiel: Die Geschichte vom Verzaubern, z. B. Füße hinter den Kopf, Zauberspiel Hände zum Po, Knie zur Nase... läßt sich je nach Kindergruppe ausbauen und verändern. Die Kinder haben viel Spaß dabei, selbst Zauberer zu sein. Versuchen Sie, allen Anweisungen der Kinder zu folgen, selbst wenn sie sich als unmöglich erweisen sollten.

Fortbewegung oder sich Beine machen

Raum: Oben, unten, quer und Mitte

Die Fortbewegungsmöglichkeiten hängen mit dem Raum zusammen. Ist es ein leerer Raum, ein zugestellter Raum, ist es die Wiese oder der Hof... Fortbewegung heißt, sich mit seinem Körper in Bezug zu einem Ausgangspunkt wegzubewegen: nach oben, zur Seite, auf einen Partner zu, in der Gruppe, auf der Stelle drehen. Ein Raum gibt Orientierung, oder man muß sie darin schaffen, es gibt Sicherheiten oder macht Angst...; Kinder wie auch Erwachsene müssen Gelegenheit haben, sich einen Raum anzueignen: die Größe erfahren, wie klingt der Raum, wo kann ich mich hinbewegen, wie kann ich Platz haben und trotzdem mit den anderen zusammensein und spielen, wie sehe ich den Raum, wie nehme ich ihn wahr, wie wirkt er auf mich, wo bin ich, wo sind die anderen.

Ein Raum muß entdeckt und erforscht werden. In ihm kann eine bestimmte Ordnung sein, es können bestimmte Wege gefunden oder Regeln aufgestellt werden, der Raum kann sich verwandeln und zu einem Phantasieraum werden.

Mit anderen zusammensein heißt, eine Beziehung zu finden, sei es in der Nähe oder in der Entfernung, durch magische oder wirkliche Linien, es heißt vor allem: mich in Bezug zu dem Raum erleben.

Raumdeckung: Die Kinder gehen frei im Raum umher und »untersuchen« alles was es dort gibt: Fußboden, Wände, Decke, Türen, Fenster, Gegenstände, Mobiliar... Die Spielleiterin fragt die Kinder, was sie alles *gesehen* haben: Bezeichnung der Dinge, was gibt es für Farben und Formen... Was kann man *fühlen*, und wie fühlt es sich an: der Boden, die Glasscheibe, die Tapete, das Stofftier. Ist es kalt oder warm, glatt, rauh, kantig, rund, angenehm, unangenehm? Wie klingt die Tür, der Stuhl? Was können wir im Raum *hören*, wenn wir leise sind, wenn wir laut sind? Können wir etwas *riechen?* Wie riecht der Teppich, der Schrank? Ist es ein angenehmer Geruch, muffig, streng, süß... Vielleicht gibt es sogar etwas zu *schmecken*...

Eisenbahn: Wir machen eine große Eisenbahn. Es gibt eine Lokomotive, einzelne Waggons werden dahinter angekoppelt. Haltet die Hände an die Taille des vorderen Wagens und die Reise beginnt: sche sche sche sche, sche sche sche

sche... wir fahren durch Wiesen und Felder, durch Städte und Wälder und kommen ins Hügelland. Der Zug ist zu lang und schafft es nicht mehr. Die Zugmitte wird abgekoppelt, so daß jetzt zwei Züge fahren. Es wird immer steiler, und die Züge müssen wieder geteilt werden. Je steiler es wird, je mehr Züge fahren, bis im Hochalpenland nur noch Lokomotiven unterwegs sind und jedes Kind für sich als Zug durch den Raum geht.

Das »Sche sche sche sche« Motiv hilft den Kindern einen gemeinsamen Rhythmus zu finden, sich im Raum zu orientieren und ein »Zugunglück« zu vermeiden...

Karussell: Alle Loks koppeln sich wieder aneinander: es gibt keinen Anfang und kein Ende. Wir sind ein Kreis und drehen uns wie ein Karussell alle in eine Richtung. Der Maschinist des Karussells (Spielleiterin, später ein Kind) kann das Karussell abstellen (über ein akustisches Zeichen), er kann es in die umgekehrte Richtung bringen, es kann sich sogar rückwärts bewegen, es kann sich langsam oder schnell drehen, vielleicht können sich die Pferdchen dabei sogar auf und ab bewegen und/oder einzeln um sich selbst drehen. Für jede Karussellbewegung gibt es ein Zeichen: Klatschen, stampfen, Geräusche, Laute oder verschiedene Instrumente können auch bestimmte Bewegungen des Maschinisten sein: Hände, Füße, Kopf... (Vielleicht kann der Maschinist auch die Geräusche der Karussellpferdchen anstellen?)

Luftballon: Alle Kinder bilden zusammen einen Luftballon. In der Kreismitte hockt ein Kind, die anderen Kinder hocken in einem engen, kleinen Kreis drumherum. Das Kind in der Mitte fängt an zu pusten und die anderen »wachsen« zu einem weiten Kreis; zum Schluß halten die Kinder nur noch über die Fingerspitzen zusammen; Achtung, wenn jetzt noch weitergepustet wird, platzt der Ballon. Ein anderes Kind bläst den Luftballon auf. Es kann langsam oder sehr schnell blasen, manchmal kommt wieder Luft aus dem Ballon heraus (die Kinder fallen dann wieder eng zusammen und machen entsprechende Geräusche dazu).

Gummiring: Wir sind ein Gummiring, der sich dehnen und zusammenziehen kann, er kann sich auch verformen. Er hat immer Spannung und reißt niemals. Sogar wenn sich die Kinder nicht mehr wirklich berühren, sind sie über unsichtbare Gummis an den Händen miteinander verbunden. Das Gummi bewegt sich sehr langsam.

Kreuz und quer: Alle gehen kreuz und quer durch den Raum, ohne aneinanderzustoßen. Jedes Kind sucht sich immer wieder einen neuen Weg durch den Raum. Eine einfache Trommelbegleitung ist eine gute Anregung dazu. Nach einer Weile sollen die Kinder anhalten. Diese Stelle im Raum ist nun der Ausgangspunkt für einen Weg; ein Weg, den nur ihr kennt und der euch wieder zu dem Ausgangspunkt zurückbringt. Findet euren Weg. Trefft ihr manchmal ein anderes Kind, das euren Weg kreuzt? Könnt ihr euren Weg auch rückwärts gehen? Wenn ihr euch jetzt an den Anfangspunkt stellt, könnt ihr euren Weg auch mit geschlossenen Augen finden. Die Kinder können sich gegenseitig ihre Wege zeigen. Vielleicht werden Möglichkeiten gefunden, von dem eigenen auf den Weg eines anderen Kindes zu kommen (Schnittpunkte oder durch Sprung).

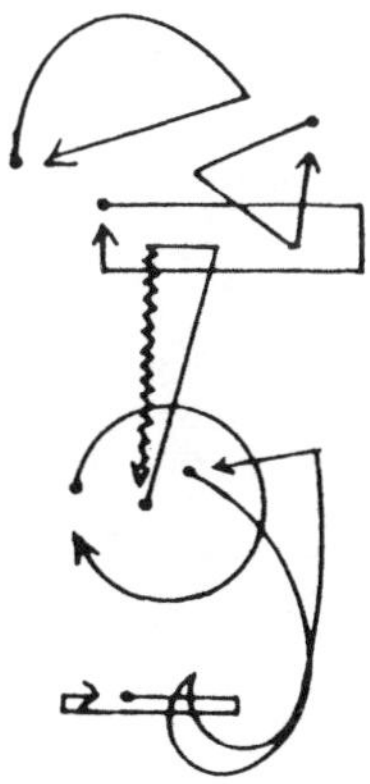

Variationen: Wege werden gemalt oder mit Seilen sichtbar gemacht. Die Wege können erst gemalt und dann im Raum gegangen werden. Ein Kind führt ein anderes Kind, das die Augen schließt, über seinen Weg. Kann das »blinde« Kind danach den Weg genau wiederfinden – diesmal mit offenen Augen?

Zauberwege: »Ich bin der Zauberer, und in meinem Land müssen die Menschen immer so gehen«: Der Zauberer zeigt, wie die Menschen gehen, und alle Kinder laufen den vorgemachten Weg: von einer Wand zur anderen, oder alle gehen nur zickzack oder an der Wand entlang; alle kriechen am Boden entlang im Kreis oder laufen immer Ecken... Jeder neue Zauberer findet *einen* Weg und/oder eine bestimmte Art und Weise, durch den Raum zu gehen. Ein weiterzureichendes Tuch, ein Hut oder Stab kann den Zauberer kennzeichnen.

Zaubertrommel: Die Trommel macht uns Beine, sie schickt uns kreuz und quer durch den Raum. Wenn sie langsam ist, gehen wir langsam, wenn sie schnell ist, laufen wir, wenn sie aufhört, haltet ihr so, wie ihr gerade seid, an und friert ein. Ich erzähle dann, was passiert. »Alle zur nächsten Wand laufen«. Ein lauter Trommelschlag gibt das Zeichen zum »Auftauen« und die Kinder laufen zur nächsten Wand. Zum Erholen kommt die Trommel wieder, und sie macht uns Beine, kreuz und quer durch den Raum; hört das Trommeln auf, frieren die Kinder ein, und eine neue Aufgabe wird gestellt: alle Ecken besetzen, oder alle ganz schnell in die Mitte des Raumes kommen und zu einem kleinen Knubbel zusammenschließen, oder alle eine Linie bilden, einen Kreis, zwei Kreise, alle schnell auf den Boden legen, einen Partner finden und mit diesem hüpfen, oder so viele Hände wie möglich begrüßen, oder so hoch wie möglich springen, oder zu zweit eine Brücke bauen...

Irrgarten: Kennt jemand einen Irrgarten? Die Kinder spielen Irrgarten. Der Eingang und der Ausgang werden räumlich festgelegt. Es gibt viele Wege hindurch, z.B. diesen: Der Spielleiter geht einen einfachen Weg, den alle Kinder sich anschauen und nacheinander nachgehen; die Gruppe paßt auf, ob der Weg auch wirklich stimmt oder ob das Kind in eine Sackgasse geht. Wer kennt einen anderen Weg durch den Irrgarten? Falls die räumliche Orientierung schwerfällt, können auch Hilfsmittel benutzt werden: Seile für den Weg oder nur die Ecken markieren...

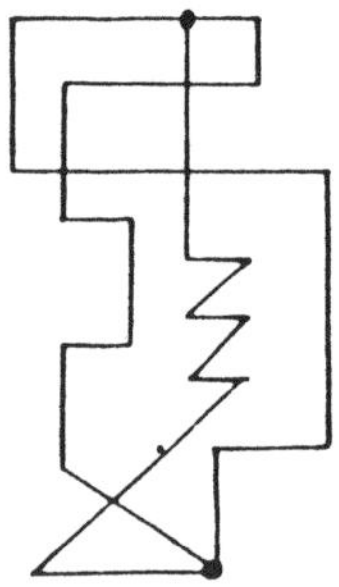

Gerade und kurvig: Habt ihr schon einmal überlegt, was der Unterschied zwischen einem Roboter und einem Flugzeug ist? Die Kinder sind Flugzeuge und machen entsprechende Geräusche. Die Arme helfen – vor allem beim Segelflugzeug. Wie fliegt das Flugzeug »um die Ecke«? Weiche, schwingende, kurvige Flugbahnen... Und der Roboter? Steif und eckig bewegt er sich wie eine Maschine immer nur auf geraden Linien.

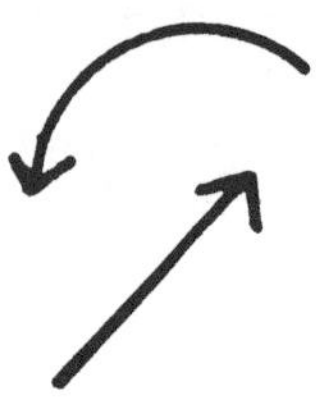

Roboterspiel: Drei Kinder gehen zusammen. Zwei davon stellen sich Rücken an Rücken. Es sind die Roboter, die immer nur geradeaus gehen und ihr Tempo nicht verändern können. Der Maschinist (das dritte Kind) schickt seine beiden Roboter los. Er kann seine Roboter nur in der Richtung beeinflussen und sie nur immer um 90° drehen, d.h. in Richtung auf die nächste Wand.

Die Roboter können dabei immer nur abwechselnd gedreht werden, so daß der Maschinist immer zwischen beiden hin und her rennt und versucht, sie so zu »lenken«, daß sie Bauch an Bauch zusammenstoßen. Ist der Maschinist zu langsam, stoßen die Roboter eventuell gegen die Wand; sie müssen dann im gleichen Tempo wie vorher im Stehen weiterlaufen, bis sie wieder gedreht werden und in Richtung auf die nächste Wand zu laufen. (Für ältere Kinder geeignet; haben die Kinder das Spiel verstanden, so können mehrere Dreiergruppen das Spiel gleichzeitig machen; stoßen zwei fremde Roboter zusammen, so gehen sie weiter auf der Stelle – wie bei der Wand – bis sie wieder von ihrem Maschinisten gedreht werden.)

Wichtig ist bei diesem Spiel, daß die beiden Roboter beim Losgehen das Tempo selbst bestimmen (schnell oder langsam) und dieses Tempo beibehalten, bis der Maschinist sie Bauch an Bauch zusammenbringt. Mit Musik (z. B. Kraftwerk) ist es einfacher.

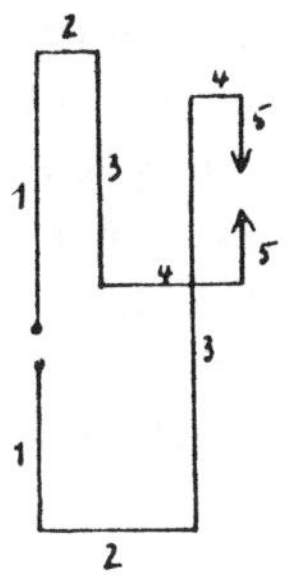

Feuer, Wasser, Blitz...: Bei »Feuer« müssen alle ganz schnell in die Ecken laufen, bei »Wasser« alle auf die Stühle, Bänke oder Sprossenwand, bei »Blitz« alle auf den Boden legen, bei »Donner« an die Wände... Mit entsprechenden Geräuschen macht es noch mehr Spaß.

Zauberwände: Ein Zauberer zaubert eine magische Wand mitten durch den Raum. Die Kinder dürfen sich nur noch in der Hälfte des Raumes bewegen. Dann wird noch einmal eine magische Wand gezogen und unser Bewegungsraum ist wieder um die Hälfte verkleinert. Ist dieses Spiel zu schwierig, können auch zwei Kinder mit einer langen Schnur die Wände darstellen und den Raum immer kleiner machen. Man kann es auch mit Malen anschaulich machen; jetzt sind wir im »grünen« Raum, jetzt im »blauen« und jetzt im »roten«. Wir können von dem roten auch gleich in den grünen Raum kommen...

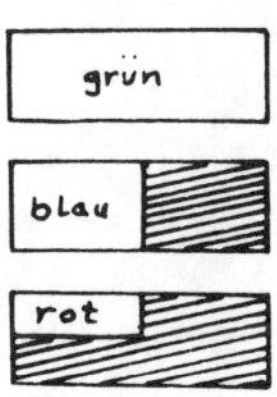

Augen zu: Die Kinder versuchen sich mit geschlossenen Augen im Raum umher zu bewegen. (Bei kleineren Kindern sollte Blinzeln stillschweigend erlaubt sein.) Eine entspannende Musik fördert die Konzentration und die Ruhe. Können die Kinder »blind« einen Kreis bilden?

Fortbewegungsarten:
Der Frosch hüpft, der Kreisel dreht

Kinder entwickeln verschiedene Fortbewegungsarten meist ganz alleine, durch Imitation oder Phantasie: gehen, laufen, federn, hüpfen, springen, drehen, steigen, klettern, ziehen, schieben, wälzen, rollen, hangeln. Diese gezielt zu fördern, sollte in erster Linie Spaß machen. In der Fortbewegung äußert sich Lust und Unlust, drücken sich Gefühle und Stimmungen aus: hüpfen vor Freude, drehen bis zum Umfallen, schleichen aus Trauer. Durch die Fortbewegung lernt das Kind, sich in Beziehung zur Umwelt zu setzen: es reagiert auf diese und paßt sich veränderten Raum- und Umweltbedingungen an. In der Fortbewegung reagiert das Kind auf sich und seine Umgebung. Das Körpergefühl entwickelt sich, der Gleichgewichtssinn, das Gefühl für Rhythmus. Es bedeutet auch, sich anderen mitzuteilen. Raum, Zeit und Kraft werden erfahren und kreativ gestaltet. Die Fähigkeit zur inneren und äußeren Koordination entwickelt sich. Abgesehen davon, daß eine gezielte Förderung verschiedener Fortbewegungen den Körper kräftigt, die motorischen Fähigkeiten erweitert, Geschicklichkeit und Elastizität fördert, entfaltet der spielerische Umgang auch ästhetische und künstlerische Momente. Die Empfindung von Form und Struktur kann vor allem am eigenen Körper und seiner Beweglichkeit erfahren werden.

Gehprobe:

Durch Eingabe verschiedener Aufgaben kann die Struktur von Bewegung ganz allgemein erfahren werden. Im folgenden werden diese Aufgaben am Beispiel des Gehens stichwortartig für alle Fortbewegungsarten genannt – Raum, Zeit und Dynamik (Kraft) – als Bewegungsprinzipien:

Raum: kurze und lange Wege; kleine und große Schritte; hintereinander wie eine Schlange; tief gehen (Hockgang) und hoch gehen (Storchgang), gerade und eckig wie ein Roboter, kurvig und rund wie ein Flugzeug; wie ein Zwerg (klein, eng) oder wie ein Riese (groß, weit)...

Zeit: schnell und langsam, ganz langsam, wie in Zeitlupe, ganz schnell wie im Gehmarathon; auf der Stelle schnell und langsam gehen; auf einen vorgegebenen Trommelschlag gehen (siehe auch Kapitel: Rhythmus). Oder: alle Kinder stehen, »wer kann in einem bestimmten Tempo losgehen, ein Tempo, das er sich vorher genau überlegt hat?«, alle anderen versuchen, das vorgegebene Tempo aufzunehmen (nicht schneller werden!)...

Dynamik: Der dynamische Aspekt einer Bewegung ist abhängig vom Krafteinsatz, vom Einsatz des Körpergewichtes und von der Intensität einer Bewegung. Die Kinder gehen sehr schnell und versuchen nach und nach, gleichmäßig ihr Tempo zu verringern, bis sie fast zum Stehen kommen, und steigern das Tempo langsam wieder zum sehr schnellen Gehen (eventuell Hilfe durch Trommelbegleitung). Leicht gehen – wie eine Katze – und schwer – wie ein Elefant –, beides miteinander verbinden – die Katzen verwandeln sich in Elefanten; schwungvoll und weich – wie eine Tänzerin, steif und hart – wie ein Roboter –; schlaff – wie jemand, der keine Kraft mehr hat –, kraftvoll und stark – wie ein Muskelprotz –; laut – wie einer, der sich durchsetzen will –, leise – wie ein schleichender Indianer.

Die Aufzählung für obige »Gehprobe« ließe sich fortführen.

Klar ist, daß dieses Spiel in vielen kleinen Etappen durchgeführt werden muß, eventuell auch in Verbindung mit anderen Fortbewegungsarten (siehe weiter unten). Dabei können sich Spiele entwickeln: Nachmachen, Raten oder bestimmte Regeln aufstellen, Verwandlungsspiele, Gegensätze zeigen...

Weiterhin können durch diese Spiele Fehlhaltungen, wie Ein- oder Ausdrehen der Füße, verspanntes oder steifes Gehen bewußt gemacht werden. Durch Gegenüberstellung von Gegensätzen lernen die Kinder, ihren Körper unterschiedlich einzusetzen; ein spielerisches »Lernen« ist für die Körperbildung und Haltungsschulung viel wirksamer als das bekannte »Halt dich doch gerade«.

Gehmaschine: Die Kinder gehen kreuz und quer durch den Raum und versuchen, eigene Wege zu finden. Die Spielleiterin beobachtet. »Auch wenn ich jetzt spreche, versucht bitte, immer weiter zu gehen. Wenn ihr den Trommelschlag hört, versucht ihr, ganz anders zu gehen als vorher.« Einige Kinder werden vielleicht laufen oder krabbeln. Während des Spieles sollte jedoch nicht unterbrochen werden. Man kann sich später darüber unterhalten, was »gehen« eigentlich ist. Welche Möglichkeiten gibt es: stampfen, marschieren, tänzeln, schweben, schlendern, hinken, schleichen, schleifen, gleiten; man kann auf den Fußspitzen gehen, auf den Fersen, auf den Knien. Clowns können sogar auf den Händen gehen. Was ist »gehen« – die Spielleiterin weiß, was »gehen« ist: die Verlagerung des Körpergewichts von einem Bein zum anderen. Beim Normalgehen wird der Fuß von der Ferse über den Ballen zu den Zehen abgerollt. Je häufiger die Kinder »gehen« ausprobieren können, desto sicherer werden sie und lernen gleichzeitig, das Gewicht richtig zu verlagern: kleine oder übertriebene Verlagerung, Übertragung des Gewichts bei tiefer Hüfthaltung oder sehr hoher...

Phantasiegang: Wie gehen ein König, eine Tänzerin, ein Roboter, ein Marathonläufer? Wie geht jemand, der einen anderen erschrecken will? Wie geht man auf der Fußaußenkante, nur auf der Ferse? Die Kinder können ausprobieren, und der Spielleiter kann die Ideen einzelner Kinder herausgreifen: »Jetzt machen alle so wie Katrin.«

Variation: Durch unterschiedliche Arten zu Gehen können Gefühle und Stimmungen ausgedrückt werden. Wie geht jemand, der traurig ist, müde, glücklich, wütend?

Variation: Einzeln oder paarweise überlegen sich Kinder eine bestimmte Art und Weise zu gehen und zeigen dies. Die Gruppe muß raten, wer so geht bzw. was gemeint ist...

Namen finden: Für die verschiedenen Gangarten können Namen gefunden werden: Storchengang, Kaisergang, Elefantengang, Spiongang, Pinguingang, Stolpergang...

Daraus kann ein Spiel entstehen: Jemand ruft »Spiongang«, und alle Kinder gehen wie ein Spion, bis ein anderes Kind »Kaisergang« ruft. Alle gehen wie ein Kaiser bis...

schua-t-t: Die Kinder kombinieren verschiedene Gangarten: zwei schwere Stapfschritte, gefolgt von vielen kleinen Trippelschritten; ein entsprechender Name z.B. bummbummrrrrrr-bummbummrrrrrr hilft vor allem für die rhythmische Umsetzung; oder zwei Schritte in der Halbhocke und zwei auf Zehenspitzen »duldultaptap-duldultaptap« oder schleifen, schleifen, Fußspitze, Fußspitze »schua-schua-t-t«...

Richtungswechsel: Die Kinder gehen kreuz und quer durch den Raum, mit jedem Trommelschlag wird die Richtung geändert. Kurze und lange Wege gehen. Die Kinder lernen durch den vorgegebenen Richtungswechsel, Klarheit in die Bewegungsrichtung zu bringen und sich zielgerichtet fortzubewegen.

Eine vorbereitende Übung hierzu: das jeweilige Ziel für die Gesamtgruppe eingeben, z. B. auf das Fenster zu, jetzt zu mir, zur Tür, zum Schrank... (siehe auch Kapitel: »Sich Beine machen« – 1. Raum).

Augen hinten: Rückwärtsbewegungen stärken das Vertrauen in den eigenen Körper und überwinden die Angst, sich in neuer und unbekannter Umgebung zu orientieren.

Alle Kinder stehen an einem Ende des Raumes, die SpielleiterIn am anderen Ende. Ein Kind nach dem anderen geht rückwärts auf die Spielleiterin zu, ohne die zurückbleibende Gruppe aus den Augen zu verlieren. Bei ängstlichen Kindern sollte gesprochen werden: »Ich warte auf dich, und wenn du bei mir ankommst, so fange ich dich auf.« Das gibt Sicherheit und eine akustische

Orientierung. Sind die Kinder sicherer, können sie schneller gehen (bis zum Laufen steigern) und größere Schritte machen: »Streck das Bein weit nach hinten zu mir hin.«

Bei größeren Kindern kann Rückwärts- und Vorwärtsgehen durch Trommelschlag frei im Raum probiert werden. Die Kinder lernen, ihren Körper zu koordinieren und die Gewichtsübertragung zu verändern (beim Rückwärtsgehen setzt der Ballen zuerst auf). Vielleicht kann die Gruppe sich sogar mit geschlossenen Augen vorwärts und rückwärts bewegen. Oder: paarweise führt ein Kind seinen »blinden« Partner durch den Raum, seitwärts, vorwärts, rückwärts, tief, hoch... (siehe auch Kapitel »Bewegte Themen«).

Seitwärts und überkreuzt: Mit Blick in die Bewegungsrichtung gehen die Kinder seitwärts: es gibt viele Möglichkeiten, seitwärts zu gehen; ein Bein macht den Schritt, das andere Bein gleitet dazu (Anstellschritt); oder hinten oder vorne überkreuzen (Kreuzschritt).

Die Kinder können auch probieren, seitwärts zu gehen, ohne zur Seite zu schauen. Sie sehen auf den Spielleiter, der am Ende des Raumes steht. Man kann sogar zickzack durch den Raum gehen und dabei immer in eine Richtung schauen...

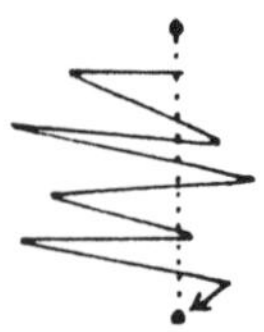

Richtungen dirigieren: Die Bewegungsrichtungen im Raum können auch dirigiert werden. Ein Kind steht an einem Raumende und sagt der Gruppe, wie sie gehen soll: seitwärts, jetzt zurück, zur anderen Seite, jetzt vor, schräg nach hinten...

Variation: Paarweise stehen die Kinder nebeneinander, die Hände angefaßt, und versuchen, sich gemeinsam in verschiedene Richtungen zu bewegen, ohne auf die Füße zu schauen und ohne miteinander zu sprechen. Ihre »wirklichen Augen« schauen dabei immer auf ein und dasselbe Ziel, etwa einen Stuhl oder den Spielleiter.

Es ist von großem Vorteil, die Kinder immer wieder auch einzeln oder paarweise probieren zu lassen, während die anderen zuschauen.

Laufen

Laufmaschinen: Wie schon beim Gehen, sollen die Kinder im freien Laufen verschiedene Arten ausprobieren. Die Spielleiterin beobachtet und läßt die gefundenen Variationen einzelner Kinder von der ganzen Gruppe nachmachen. Auch hier können Benennungen und Phantasienamen gefunden werden.

Alle Spiele, die im Geh-Kapitel vorgeschlagen werden, können auf das Laufen übertragen werden, insbesondere unter Einbeziehung des räumlichen, zeitlichen und dynamischen Aspekts: verschiedene Richtungen und Wege, kleine und große Schritte (trippeln und Sprunglauf), tiefes und hohes Laufen; Tempowechsel, eventuell mit Betonungen durch Trommelvorgabe; leicht oder kraftvoll, in die Höhe oder in die Weite laufen, breit oder eng; einzeln, paarweise oder in der Gruppe...

Gehen und Laufen kann abwechselnd – auch rückwärts – ausprobiert werden. Die Kinder können den Unterschied herausfinden: beim Laufen gibt es einen Moment, in dem beide Füße gleichzeitig in der Luft sind; beim Gehen ist immer ein Fuß am Boden. Der Unterschied kann in der Bewegung übertrieben werden: »Kommt beim Laufen noch mehr weg vom Boden, Schritt *hoch* Schritt *hoch*; setzt beim Gehen ganz schnell das freie Bein wieder auf den Boden, so als ob ihr keinen Moment lang auf einem Bein stehen könntet.«

Was machen die Arme beim Laufen oder Gehen? (siehe Kapitel »Koordination Grün zu grün«)

Federn, hüpfen, springen

Federungsübungen dienen der Kräftigung von Muskulatur, fördern die Beweglichkeit und Elastizität des Körpers und steigern das Rhythmusgefühl. Sie sind wichtige Vorübungen für elastisches Laufen, Springen und Hüpfen.

Am Beispiel des Federns werden noch einmal die grundlegenden Bewegungselemente verständlich: das einfache Gehen im Raum betont den *räumlichen* Aspekt einer Bewegung. Wird Gehen zum Laufen, so verändert sich das *zeitliche* Moment. Wird nun das Laufen durch Betonungen verändert – etwa durch Federn oder auch Springen –, so unterstreicht diese Erweiterung den Rhythmus der Fortbewegung, den dynamischen Aspekt.

Hockfeder: Federn kennzeichnet sich durch rasches Beugen und Strecken der Beingelenke, wobei die Arme durch gleichzeitiges Beugen und Strecken unterstützen können. Die Kinder versuchen, aus der Hocke heraus hochzufedern. Die Fußsohlen bleiben zunächst am Boden, später können sich die Fersen auch vom Boden lösen. »Beugt die Knie, so daß der Po in Richtung Boden geht, und macht dann eure Beine wieder gerade.« Auch zu zweit: die Kinder stehen sich gegenüber, halten die Hände und gehen wie eine Wippe rauf und runter. Diese Übung kann bis ins Hüpfen gesteigert werden: beide Füße lösen sich vom Boden.

Variation: Paarweise beugen und strecken, aber abwechselnd: während ein Kind oben ist, ist das andere in der Hocke.

Trampolinfeder: Die Kinder stellen sich vor, sie wären auf einem Trampolin oder einer Matratze, aber die Füße sind festgeklebt. Oben auf der Kopfkrone geht ein Faden zur Decke; jemand zieht an diesem Faden und gibt nach, zieht und gibt nach... Die Kinder sollen versuchen dabei ihren Rücken gerade zu halten und sehr schnell auf und ab zu wippen, d.h. zu federn.

Dynamische Feder: Aus dem Gehen heraus versuchen die Kinder zu federn. »Geht weich in die Knie, und beim Strecken kommen die Fersen etwas vom Boden weg. Könnt ihr das auch schneller machen?«

Hüpfmaus: Aus dem Federn entwickelt sich meist von alleine das Hüpfen: beim ersten Federn löst sich das Bein vom Boden ab, nach dem zweiten Federn wird das Gewicht auf das andere Bein übertragen.

Eine Vorstellungshilfe: »Das grüne Bein wird von einem Zauberer in den Boden gezogen – Knie beugt sich –, und ihr müßt euch sehr anstrengen, diesen Zauberbann zu überwinden. Habt ihr aber genug Kraft, so schnellt der ganze Körper in die Luft; beim Hochkommen zieht der Zauberer schon wieder und ihr wechselt schnell zum roten Bein.«

Hickeln: Man kann auf der Stelle hüpfen, mit einem Bein (hickeln) oder mit zwei Beinen, weit hüpfen oder kurz und eng. Obwohl das Hüpfen in vielen Kinderspielen vorkommt, Himmel und Erde, Seilhüpfen, fällt es vielen Kindern schwer. Man sollte jedoch nicht allzufrüh auf die »korrekte« Ausführung achten, um den Kindern nicht die Freude zu nehmen.

Hoppelhüpfer: Die Kinder sind in der Hocke und stützen sich nach vorn auf die Hände. Die Füße hüpfen hoch. Nun im laufenden Wechsel auf Hände und Füße stützen; es ist wie eine Wippe: hopp Füße, hopp Hände, hopp Füße ... Wichtig ist, daß sich das Becken hebt und senkt. Der »Hoppelhüpfer« ist auch eine gute Vorübung für Handstand und Rad (siehe Kapitel »Koordination«).

Springen: Springen ist Ausdruck höchster Freude: vom Boden wegkommen und weit durch die Luft fliegen. Wer erinnert sich nicht des Anblicks verzückter Kinder, wenn sie hochgeworfen werden, um wieder in den sicheren Armen zu landen. Das Wegkommen von der Erde, der Wunsch, fliegen zu können, zeigt die Sehnsucht nach Überwindung der Schwerkraft, bedeutet die Überwindung der psychischen und körperlichen Trägheit: der Griff nach den Sternen. Vielen Kindern ist das Springen kaum möglich. Sie kommen nicht weg vom Boden oder prallen hart und steif auf ihn zurück. Hier muß zuerst die Freude am Springen zurückerobert werden – erst dann können die verschiedenen Sprungarten ausprobiert werden.

Sprungvariationen: Aus dem Laufen heraus versuchen die Kinder zu springen. Sie sollten versuchen, immer anders zu springen. Der Spielleiterin beobachtet und läßt einzelne Kinder vormachen, die ganze Gruppe macht den Sprung nach.

Wie keine andere Fortbewegung kann das Springen in Verbindung mit Gehen oder Laufen zur Steigerung der Dynamik und zum Spiel mit der Dynamik dienen. Die Spielleiterin sollte darauf achten, daß das Sprungbein bzw. beide Beine weich und federnd aufkommen.

Die Kinder probieren verschiedene Möglichkeiten: die Beine gestreckt oder angewinkelt, zusammen oder auseinander, die Beine zur Seite, nach vorn, nach hinten, beide Beine oder nur ein Bein... Man kann tief aus der Hocke springen oder in der Hocke aufkommen, vorwärts und rückwärts springen... Der Sprung kann weit und groß oder kurz und eng sein... Man kann das Springen rhythmisch betonen: klein, klein, groß oder es gestalten: Galoppsprung, Galoppsprung, gestreckter Sprung...

Der Springer: Ein Kind nach dem anderen läuft durch den Raum. Es sucht sich selbst den Moment aus, wo es weit und hoch über einen Felsen springt. Die Kinder stellen sich vor, sie wären Marionetten. In dem Sprungmoment werden alle Fäden nach oben gezogen: der Nacken ist lang, der Oberkörper gestreckt, die Beine werden auseinandergezogen, eins vorn, das andere hinten. Im höchsten Punkt des Sprungs ruft das Kind seinen Namen. Zur Verstärkung des Sprungmoments kann die ganze Gruppe auch gemeinsam den Namen des springenden Kindes rufen.

Hindernisbahn: Fällt den Kindern das Springen schwer, kann im Raum eine Hindernisbahn gebaut werden. Reifen, Seile, Tücher, kleine Kästen, ein Stuhl, von dem heruntergesprungen wird, eine Kiste, in die hineingesprungen wird...

Die Spielleiterin sollte daran denken, daß man *hoch-, herunter-, darüber-, hinein-* und *hinausspringen* kann.

Entsprechende Hilfestellungen motivieren die Kinder. Zum Hochspringen kann man z.B. ein Seil an der Decke aufhängen. Kletterwände oder Kisten und Möbel in verschiedenen Höhen regen zum Ausprobieren an...

Hampelmann: Die Füße sind eng beieinander, die Hände klatschen über dem Kopf und Sprung in den Grätschstand, Arme auseinander, weit vom Körper weg: »Seht wie er springen kann, unser schöner Hampelmann«. Der Hampelmann springt immer schneller.

Wildes Pferd: Wir sind wilde Pferde, die durch die Prärie reiten, manchmal springen sie sehr hoch. Es ist immer der gleiche »rote« Fuß, der losgaloppiert: badadamm badadamm. Beim Galopp kommen nacheinander beide Füße für einen kurzen Moment vom Boden weg. Nun sind wir sehr stolze Pferde. Wir sind Pferd und Reiter gleichzeitig: oben sitzt der Reiter (der Rücken ist gerade), der die Zügel hält; unsere Beine sind die Beine des Pferdes. Die Pferde können auch traben, vielleicht immer zwei nebeneinander, wie in einer großen Parade.

Manchmal bleiben die Pferde stehen, sie sind sehr unruhig und springen ein klein wenig von einem Bein aufs andere.

Trampolin: Wie kein anderes Hilfsmittel eignet sich das Trampolin zur Entwicklung des Springens, Federns und Hüpfens. Falls ein solches vorhanden sein sollte, kann man mit *viel Vorsicht* darauf üben. Decken und Matten zur Absicherung sind unbedingt erforderlich. Hier lernen die Kinder ihren gesamten Körper zu koordinieren und auszubalancieren. Der federnde Untergrund entwickelt das Gefühl für Rhythmus und Zeitablauf einer Bewegung. Da eine Anleitung für SpielleiterInnen in diesem Rahmen nicht gegeben werden kann, muß hier auf weiterführende Literatur verwiesen werden (z. B. Kiphard).

Drehen

Drehen ist eigentlich keine selbständige Bewegungsart. Vielmehr ist es eine besondere räumliche Form des Gehens, Laufens und Springens, wobei der Körper sich um seine Längsachse dreht. Im Alltag drehen sich Kinder sehr oft: am schönsten ist der Schwindel, der Taumel, drehen bis zum Umfallen – es ist wie ein Rausch, eine Ekstase. Mit zunehmendem Alter wird diese Orientierungslosigkeit als unangenehm empfunden: »Mir ist schlecht«. Fixieren die Kinder einen Punkt im Raum, kann der Drehschwindel reduziert werden.

Kreisel: Wir sind Kreisel, kleine und große und drehen uns. Wie kann man sich drehen: im Stehen, in der Fortbewegung, im Sitzen, auf dem Po, auf dem Bauch um sich herum...

Man kann sich auch »komisch« um sich selbst drehen: die Katze versucht sich in den Schwanz zu beißen, aber es klappt nicht...

Variation: Welche Möglichkeiten gibt es, sich zu zweit, auch zu dritt... zu drehen, auch eine ganze Gruppe kann sich sehr schnell im Kreis drehen.

Drehwurm: *Variation:* Zu zweit drehen und dann loslassen (siehe Kapitel »Balanceakte«). Dieses Spiel eignet sich gut zur Vorbereitung für das strukturierte Drehen: Die Kinder drehen frei, müssen aber im Moment des Loslassens einen Punkt im Raum fixieren, sonst fallen sie um und können die Figur nicht halten.

Die Spielleiterin steht an einem Ende des Raumes, die Kinder am anderen. Ein Kind nach dem anderen beginnt zu drehen. »Schau mich immer an, sieh genau auf mich, ich fang dich auf.« Die Spielleiterin hält etwas in der Hand: ein Gummibärchen, Bonbon oder Tuch. »Kannst du erkennen, was ich in der Hand habe, dreh immer weiter, und wenn du hier bist, sagst du mir, welche Farbe das Bonbon hat.« Die Kinder müssen so beim Drehen die Augen auf die Spielleiterin fixieren, sonst können sie die Farbe nicht erkennen.

Variation: Mit Kreide wird eine Linie durch den Raum gezogen. Die Kinder versuchen, beim Drehen auf der Linie zu bleiben, ohne jedoch auf den Boden zu schauen, sondern in die Drehrichtung.

Andere Fortbewegungsarten

Die vielen anderen Fortbewegungsarten werden im folgenden nur kurz erwähnt. Im freien Spiel entstehen sie meist spontan. Im strukturierten Spiel können sie genauer geübt und vor allem auch *benannt* werden. Die Kinder sollten lernen und wissen, was rollen, schieben, hüpfen, ziehen, federn... ist. Bleibt das vielseitige »Bewegungsrepertoire« von Kindern im spontanen und unbewußten Tun »stecken«, wird es sich möglicherweise verlieren und in Vergessenheit geraten.

Steigen, klettern, ziehen, schieben, hangeln – für diese Bewegungsarten ist es wichtig, einen Raum zu haben, der verschiedene Ebenen hat: Hochbetten, Klettergerüste, Tische, Stangen, schiefe Ebenen, Matratzen, Bänke, Stühle...

Klettern: Sprossenwände, Leiter, Stricke, Stangen, Bäume, Klettergerüste, Holzkästen, Mobiliar...

Steigen: schiefe Ebenen (vorwärts, rückwärts), eine Bank schräg stellen, über eine Hindernisstraße steigen...

Ziehen: sich über den Boden ziehen, über eine Bank in Bauch oder Rückenlage; von einem Partner gezogen werden; Material ziehen; zu zweit oder in zwei Gruppen Seilziehen...

Schieben: Material oder ein anderes Kind schieben; nur mit den Füßen oder Händen schieben; zwei Kinder stehen Rücken an Rücken; eins schiebt das andere durch den Raum, auch mit dem Kopf...

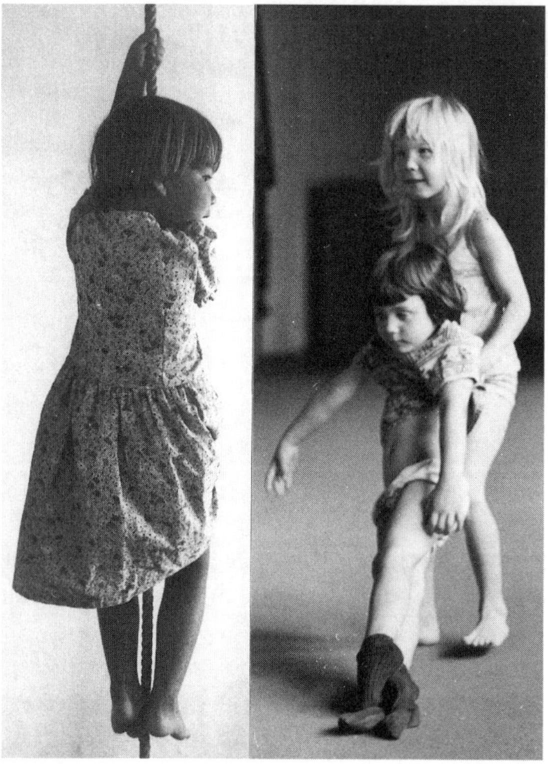

Hangeln: Sprossenleiter, Stab oder Seil quer gehängt; nur mit den Füßen oder Hände und Füße gleichzeitig...

Rollen: Material rollen, sich selbst am Boden gestreckt, einen Hügel hinunterrollen; zusammengekauert rollen. Zu zweit; ein Kind ist der Ball, macht sich ganz klein: Knie zur Brust, die Hände umfassen die Unterschenkel, der Kopf »guckt zum Bauchnabel« – das andere Kind rollt den Ball kreuz und quer durch den Raum.

Klein und rund, wie ein Igel wenn er sich zusammenzieht...

Weitere Übungen für das »Rollen« werden im Kapitel »Koordination« genannt.

Bewegungsspiele: Der König bin ich

Die Übungen zu den verschiedenen Fortbewegungsarten sind als Anregung für SpielleiterInnen gedacht. Welche Fortbewegungsmöglichkeiten gibt es, wie können diese mit Kindern geübt und Bewegung variiert und erweitert werden. In der Fortbewegung vermittelt sich mehr als nur motorisches Können: sich über den Körper mitteilen, Kontakt suchen, auf die Umwelt reagieren, mit veränderten Bedingungen spielerisch umgehen, sich lustvoll mit dem eigenen und anderen Körper auseinandersetzen, Phantasie und Kreativität entwickeln.

Je jünger die Kinder sind, desto offener und freier sollten die Bewegungsaufgaben sein. Viele der folgende Bewegungsspiele erfordern ein hohes Maß an Phantasie und Vielfalt. Bei neuen Gruppen oder kleineren Kindern sollte unbedingt jede einzelne Idee ausprobiert werden: einzelne probieren, die anderen machen nach... Experimentieren ist wichtig, die Kinder lernen im Verlauf, bestimmte Formen und Gestaltungsideen zu entwickeln. Bekanntlich führen ja viele Wege nach Rom...

Durch die Tierwelt: Wir sind alle *Störche* mit langen Beinen und staksen durch den Sumpf; unsere Arme sind der spitze Schnabel, wir suchen Frösche... Oh hoppla, da sind ja ein paar *Frösche*, die machen soviel Lärm, daß die Störche davonfliegen. Alle Kinder sind nun Frösche und hopsen umher und quaken. In dem Sumpf gibt es auch Flöhe, *Wasserflöhe*, und die können noch viel höher springen als die Frösche (sie springen aus der Hocke sehr hoch), sie springen so hoch in die Luft, daß sie auf einem *Vogel* landen, der gerade auf seinem Flug nach Süden ist und ein Liedchen zwitschert. Er fliegt bis in die Steppe, und dort gibt es die *Elefanten*; schwer stampfen sie herum und schwenken den Kopf mal nach links, mal nach rechts, manchmal stellen sie sich auf ihre Hinterbeine, heben den Rüssel hoch und brüllen ganz laut; aber schon schleicht sich der König aller Tiere, der *Löwe*, heran: langsam schleppend durch das hohe Gras und plötzlich ein Riesensprung... Wir sind ein kleines Haus*kätzchen*, schnurrend, schnell und sehr leise bewegt es sich und bleibt ganz erschrocken vor etwas stehen, was es noch niemals in seinem Leben gesehen hat: ein *Pinguin* hat sich hierher verirrt und stolziert etwas unbeholfen in der Gegend herum, hoch über ihm hängt die *Fledermaus* unterm Dachsims und schläft, aber wenn's Nacht wird, fliegt sie aus und macht ganz hohe fiepsige Töne, und die alte weise *Eule* fühlt sich sehr gestört in ihrer Ruhe und... Wir sind nun auch noch *Drehwürmer* – was, gibt's das auch – natürlich, bei uns gibt es alles – und drehen und drehen und lachen uns kaputt bis wir umfallen...

König bin ich: Dieses Spiel kann auch zu einem Ratespiel werden: ein Kind macht ein bestimmtes Tier vor, die anderen müssen raten, welches Tier gemeint ist. Die Kinder sollten bei diesem Spiel auf eigene Ideen kommen; obige Tiere können nur Vorschläge sein. Die Kinder gehen kreuz und quer durch den Raum. Ein Kind wird König und erhält als Zeichen ein Tuch um den Kopf. »Ich bin der König, und in meinem Königreich müssen alle so machen.« Der König macht eine Bewegung, z. B. auf einem Bein hüpfen. Das ganze Königreich muß so lange hüpfen, bis der alte König einen neuen König – durch Übergabe des Tuches – gewählt hat. Die Kinder kommen auf tolle Ideen: kriechen, sich tot lachen, sich nicht bewegen, rückwärtsgehen, Schubkarrenlaufen, immer nur Ecken gehen dürfen, auf dem Po vorwärtsgehen...

Kinderfänger: Dieses Spiel ist eine Weiterentwicklung des traditionellen Kinderspiels »Ochs am Berg«. Alle Kinder schlafen, die Spielleiterin geht von einem Kind zum anderen; sie singt ein Lied, spielt auf der Trommel oder Flöte, und die Kinder stehen nacheinander auf und folgen dem »Kinderfänger« aus der Stadt hinaus. Jedesmal wenn der Kinderfänger sich umdreht (als Zeichen hört sie abrupt auf zu singen), müssen sich Kinder verwandeln: in einen Baum, einen Stein, eine Brücke, eine Blume... »Komisch, ich hörte eben doch Kinder hinter mir, aber da sind ja nur Bäume, Steine etc.« Dieses Spiel wiederholt sich mehrmals, bis der Kinderfänger in seine Höhle kommt und die ihn verfolgenden Kinder immer noch nicht bemerkt hat. Was dann passiert, bleibt der Phantasie der Kinder überlassen...

(Zu Verwandlungsspielen siehe auch Kapitel »Bewegte Themen«.)

Feuer, Wasser: Jedes Zeichen bekommt nicht nur einen bestimmten Ort im Raum (siehe Kapitel »Fortbewegung, Raum«), sondern zusätzlich eine bestimmte Bewegung. Wasser: alle klettern hoch oder fangen an zu schwimmen, Luft: sehr hoch springen, Feuer: flach auf den Boden legen, Erde: die Kinder bilden gemeinsam einen »Körperhügel«. Die Reihenfolge der Zeichen können die Kinder durch lautes Rufen selbst bestimmen.

Auf der Mauer: Alle Kinder sitzen auf einer Bank, Matte (die Mauer) und singen: »Auf der Mauer, auf der Lauer sitzen alle Kinder, auf der Mauer, auf der Lauer sitzt auch die Petra, seht Euch mal die Petra an, was die alles machen kann, auf der Mauer, auf der Lauer sitzen alle Kinder« – Petra rennt schnell vor alle Kinder und macht ein Kunststück (z.B. auf einem Bein und beiden Händen stehen, das freie Bein zum Po hin anwinkeln, oder einen Purzelbaum, oder ein Frosch...), und alle Kinder machen Petras Kunststück nach und rennen dann alle wieder auf die Mauer; dann der nächste...

Fortbewegungsstraße: Verschiedene Materialien werden als Straße gebaut. Es gibt nun eine bestimmte Regel, durch diese Straße zu gehen. Etwa bis zum Stuhl auf einem Bein hüpfen, auf den Stuhl steigen, mit geschlossenen Beinen herunterspringen, auf der Matte rollen oder einen Purzelbaum schlagen, schnell die Leiter (Kästen) rauf und runter klettern, unter den Stühlen durchkriechen, über die Bank balancieren, in den Reifen springen, in die Kiste klettern, den Ball herausnehmen und einmal hoch und in den Korb werfen und zum Schluß einen großen Laufsprung mit anschließenden schnellen Fußtrippeln... Ein Kind nach dem anderen geht durch die Straße. Die Kinder passen auf, ob alles stimmt und nichts vergessen wurde; sie können auch eine eigene Straße entwerfen. Wie bei allen Spielen ist auch hier darauf zu achten, daß das Spiel altersentsprechend gestaltet wird und die Schwierigkeitsgrade je nach Können bestimmt werden.

Affentanz: Wie bewegen sich *Affen*? Auf allen Vieren, manchmal nur auf den Hinterbeinen, die vorderen hängen und baumeln, sie spielen miteinander, entlausen sich, gehen huckepack und kratzen sich unter dem Arm und machen ihr Affengebrüll...;

und wie ist es mit *Hühnern*? Die sitzen alle auf einer Stange, stehen oft auf einem Bein und sind immerzu am Picken und schnicken den Kopf immer vor, und sie krähen, vor allem morgens, und machen auch sonst allerhand Geräusche;

und die *Bären*? Sie laufen tolpatschig in der Gegend herum, manchmal stellen sie sich auf ihre Hinterbeine, werden ganz groß, drehen sich im Kreis und brummen natürlich;

und zuletzt die schwarzen *Panther*. Sie schleichen umher und können sehr weit springen, sie fauchen und schlagen mit ihrer Tatze, manchmal sind alle vier Pfoten ganz eng beieinander, sie machen einen hohen Buckel und drehen sich im Kreis... Die SpielleiterIn kann diese vier verschiedenen »Tänze« etwas gestalten und nimmt die Ideen der Kinder auf; z.B. picken die Hühner zuerst wild herum, krähen und setzen sich dann auf die Stange, die Bären bilden eine lange Schlange, die Panther kommen zu einem Kreis... etc. Es wird eine Musik gespielt, die vier verschiedene zu den Bewegungsarten passende Rhythmen hat, z.B. Fidula, der Tierzirkus. Die Kinder erkennen mit der Zeit: das ist die Affenmusik, das die Hühnermusik usw.

Clowns und Artisten: Die Kinder sitzen im Zirkus: Achtung Trommelwirbel und Vorhang auf für Klaus Binierio, den lustigsten Clown der Welt. Eine sehr kurze Musik kann dazu gespielt werden. Der Clown macht seinen Auftritt: schneidet Grimassen, fällt immer hin, läuft, als ob ihm die Knie zusammengebunden sind... Bravo, bravo. Verbeugung und Vorhang zu. Meine Damen und Herren, Sie sehen jetzt die kühnsten Artisten der Welt: Ilse Kabrilse und Malte Schnalte, Achtung Trommelwirbel und Vorhang auf für die beiden...

Dieses lustige Zirkusspiel animiert die Kinder sehr, an ihre eigenen körperlichen Grenzen zu gehen: die Zirkusatmosphäre, die applaudierenden Zuschauer. Anfangs sollte der »Auftritt« nur sehr kurz sein, es dauert, bis die Kinder mit ihrem Auftritt umgehen können und spontan Ideen entwickeln: Zauberer und Feuerschlucker, der Dicke und der Dünne (allein, zu zweit, in kleinen Gruppen)... die Kinder haben viele Ideen; sie brauchen nur Raum, Zeit und Zuspruch. Es ist nicht immer das »perfekte« Können, was die Zuschauer zum lachen oder klatschen veranlaßt. Gerade auch schwächere zurückhaltende Kinder können zu diesem Spiel ermuntert werden.

Giftschlangen: Zwei Kinder stellen sich Schulter an Schulter in der Mitte des Raumes auf. Sie sind die Schlangen und strecken ihren äußeren Arm aus. Alle anderen Gruppenmitglieder berühren die – noch zahmen – Schlangen an irgendeiner Stelle. Die Schlangen versuchen, sie in ihren Bann zu ziehen, indem sie ihnen eine kurze Geschichte erzählen. Kommt darin das Wort »Gift« vor, laufen alle weg, denn jetzt werden die Schlangen angriffslustig. Wen sie berühren, der muß stehen bleiben. Ein Mitspieler kann ihn vom Gift der Schlange erlösen, indem er zwischen seinen Beinen durchkrabbelt. Erst wenn alle sitzen, haben die Schlangen ihr Ziel erreicht.

Variation: Je nach Gruppen-, Raumgröße und Alter kann mit drei, vier oder nur einer Schlange begonnen werden.

Tradition und Neues: Beliebt sind immer wieder die traditionellen Bewegungsspiele wie Katz und Maus, Blinde Kuh, Ochs am Berg, Hänschen piep einmal. Man kann die Regeln beliebig verändern, eine bestimmte Fortbewegungsart vereinbaren oder Regeln hinzufügen, z. B. beim »Fangen«: Das abgeschlagene Kind muß sofort einfrieren, kann aber durch ein noch nicht abgeschlagenes Kind erlöst werden... Sehr lustvoll und aufmunternd sind Spiele, bei denen ein kleiner Reim gesagt wird oder ein Satz wie »Wer hat Angst vorm schwarzen Mann«. Auch hierbei kann die Regel verändert werden: wer hat Angst vorm »hinkenden«, »kriechenden«, »blinden« Mann; beim Losrennen müssen alle Kinder die genannte Art der Bewegung machen. Oder es wird ein Reim gedichtet: »Klaus will mich kriegen, er ist ein kleiner Wicht, fängt sieben Fliegen, doch uns kriegt er nicht.« Klaus sitzt in der Mitte eines engen Kinderkreises, und am Ende des Spruchs laufen alle Kinder los, und Klaus versucht sie zu fangen.

Kreisspiel: Alle Kinder sitzen im Kreis. Ein Kind geht in einer bestimmten Weise, z. B. auf allen Vieren, auf ein anderes Kind zu und setzt sich auf dessen Platz. Das zweite Kind muß nun auch auf allen Vieren zur Kreismitte gehen, überlegt sich schnell eine andere Art der Fortbewegung und geht damit auf ein Kind aus dem Kreis zu...

Indianerschule

Am Beispiel der »Indianerschule« soll im folgenden beispielhaft gezeigt werden, wie verschiedene Fortbewegungsarten und Bewegungsspiele unter Einbeziehung des Raumes zu einer Gestaltungsidee zusammengetragen werden können. (siehe auch Kapitel »Bewegte Themen«)

Eine solche Idee wird sich nicht von heute auf morgen entwickeln können. Sie braucht Zeit. Über Lesen bzw. Vorlesen, Bilder anschauen etc. können sich Ideen entwickeln: wer sind die Indianer, wie lebten sie damals, wie heute, wie sehen sie aus, warum haben sie »Krieg« geführt... Eine solche »realistische« Auseinandersetzung sollte jedoch nicht zur »wirlichkeitsgetreuen« Wiedergabe beitragen; sie kann die Phantasie anregen und trotzdem Vorurteile und Klischees deutlich machen.

Die Kinder können malen, sich verkleiden, einen Raum gestalten. Ideen müssen ausprobiert werden, und können erst nach und nach in einen Zusammenhang gestellt werden. Ein solches »Projekt« braucht auch die Spiellust und Animation des Spielleiters: zuschauen, herausgreifen, Ideen wiederholen, sammeln und ausformen, weiterentwickeln.

Im folgenden ist eine Spielleiterin ErzählerIn, und die Kinder spielen die Indianer – vielleicht wollen sie aber auch Cowboys spielen... Es muß der Phantasie überlassen bleiben, wie sich diese Ideen verändern, wie sich vielleicht eine ganz neue Geschichte ergibt.

Früh am Morgen: Nach einem langen Tag gefüllt mit Arbeit, Jagd und gemütlichem Beisammensein, gehen die Indianer schlafen und kuscheln sich in ihre Betten aus Leder und Stroh. Es ist Nacht und sehr still. In der Ferne ruft eine Eule, ab und zu huscht ein Tier durch das Gebüsch (die Kinder machen entsprechende Geräusche). Der Wind fängt sich in den Bäumen und im hohen Gras. Der Morgen graut, und die Vögel fangen an zu zwitschern. Die Indianer werden unruhig. Einer springt auf – er hat etwas gehört. Er weckt die anderen durch lautes rhythmisches Stampfen und durch ein Geräusch »Brrrah-brrrah«. Die Indianer sammeln sich an der Feuerstelle. Sie lecken ihre Fingerspitzen und strecken die Arme nach oben, um zu sehen, woher der Wind kommt; sie gehen tief in die Hocke (Fersen am Boden, Nase zum Bauchnabel) und spüren mit den Füßen, ob die Erde bebt. Sie strecken sich wieder, testen den Wind und gehen wieder in die Hocke. Kein Zweifel, in der Ferne sind Menschen – vielleicht Cowboys, die die Pferde auf der Weide stehlen wollen. Noch einmal den Wind spüren und ein letzter Test: die Indianer knien (das Becken hochgezogen) und hören erst mit dem einen, dann mit dem anderen Ohr die Erde ab. Sie machen eine Katzenbuckel und hören noch einmal. Ja, es sind die Cowboys, vielleicht neun an der Zahl, hinter dem großen Hügel auf dem Weg zur Pferdeweide.

Geheuletanz: Sie öffnen den Mund und spannen die vorgeschobenen Lippen an; der Ton verändert sich, indem der Zeigefinger zwischen den Lippen schnell auf und ab bewegt wird. Dann kommt der Tanz: sie hüpfen im Kreis von einem Bein aufs andere, beugen und strecken den Oberkörper dabei; die flache Hand schlägt leicht auf den tönenden Mund.

Galopp: Sie laufen zu den Pferdeställen – manchmal auch rückwärts – und schauen dabei in die Richtung des Hügels. Ist schon etwas zu sehen? Sie steigen auf ihre Pferde (manche auch zu zweit, denn die meisten Pferde sind ja auf der Weide) und galoppieren los. Die Pferde machen Getöse und müssen manchmal anhalten, damit die Indianer lauschen können, und weiter gehts im Galopp. Weit vor dem großen Hügel, dem »Weißen Berg«, steigen sie ab und geben den Pferden einen Klaps, damit sie weggehen. Es dauert einige Zeit, bis die Pferde weggaloppiert sind und alles wieder ruhig ist.

Kriechgang: Die Indianer rennen den Hügel hinauf, doch die Cowboys sind nicht mehr fern; leise schleichen sie weiter, zuerst im Stehen, auf den Fußspitzen, dann halb erhoben auf allen Vieren. »Schchtt«, das Gras raschelt – noch leiser, sie könnten uns hören. Zum Schluß auf dem Bauch schleichen... Zwischendurch wird angehalten – Sie sind wie aus Stein. Ist etwas zu hören? Fast sind sie oben auf dem Hügel.

Pfeilspiel: Zwei werden ausgeschickt, um die Cowboys an der Nase herumzuführen. Diese schleichen hinter einen entfernten Baum und irritieren die Cowboys durch Pfeile, die sie in die Luft schießen und durch rhythmisches Rufen:

»holen« – sie beugen sich nach hinten und holen mit beiden Händen einen Pfeil aus dem Köcher,
»Bogen« – sie spannen den Pfeil in den Bogen, Arme nach vorne gestreckt, Oberkörper gerade,
»ziehen« – sie ziehen den Pfeil, der Oberkörper dreht sich, ein Arm und eine Schulter gehen nach hinten,
»fliegen« – sie lassen den Pfeil los, der angezogene Arm schnellt nach vorne, durch den Ruck fällt der Oberkörper vor.

Rennen und Springen: Während dieser Ablenkung lauschen die anderen Indianer und rennen dann plötzlich den Hügel hinunter direkt auf die Cowboys zu, die immer noch erstaunt auf die fliegenden Pfeile schauen. Kurz vor den Cowboys springen die Indianer wie die Teufel in die Luft und rufen ihre indianischen Namen. Die Cowboys sind zutiefst erschrocken und rennen davon.

Die Pferde auf der Weide sind gerettet, und von den Cowboys sieht man nur noch eine Staubwolke in der Ferne. Die Indianer freuen sich wie kleine Kinder, springen aufeinander, werfen sich gegenseitig um unter großen »Juchheh« und singen ein »Indianerlied« (z. B. »Wir sind die gelben Nasen«).

Singen und Tanzen: Sie singen und tanzen, und es gibt ein großes Fest. Im Kreis zur Mitte stampfen, auseinander, um die eigene Achse drehen, nach rechts, nach links – die Kinder entwickeln eine kleine Tanzform...

Schlangentanz: Zum Abschluß bilden die Indianer zwei Schlangen. Die Kinder stehen in zwei Reihen hintereinander. Auf eine sehr rhythmische Musik (z. B. Afrika Djolé) tanzt jede Schlange ihren Weg durch den Raum. Der Kopf der Schlange macht eine kleine Bewegung: in die Hände klatschen, hüpfen, rhythmisch den Oberkörper nach vorne beugen... und die ganze Schlange macht die Bewegung nach bis der »Kopf« ans Ende der Schlange rennt, das nächste Kind »Kopf« ist und eine neue Bewegung findet. So bewegen sich zwei lustige Schlangen durch den Raum. Das Fest nähert sich dem Ende, und die Indianer gehen nach Hause. Einer setzt sich im Grätschsitz auf den Boden, der nächste sitzt mit gegrätschten Beinen direkt dahinter, Bauch an den Rücken des vorderen Kindes. Wenn alle Indianer sitzen, stellen sie ihre Fußsohlen auf (Beine anwinkeln).

Wurmgang: Sie wiegen gemeinsam nach links »ummm« und nach rechts »bahhh« – immer hin und her »umm-bahhh«, immer lauter und stärker. Mit einem Ruck wird bei »bahhh« das Gewicht auf die rechte Hand verlagert, der Wurm dreht sich, das Becken hebt sich vom Boden ab, die linke Hand stellt sich neben die rechte, die Beine liegen auf dem Rücken des Hintermannes und berühren nicht den Boden. So kann sich der Wurm über die Gewichtsverlagerung von einer Hand zur anderen »ummm-bahhh, ummm-bahhh« langsam fortbewegen...

Balanceakte

In unserem Alltag begegnen uns sehr häufig sprachliche Bilder: wie *»sein Gleichgewicht verlieren«* oder »das Leben ist wie ein Balanceakt«, »den Boden unter den Füßen verlieren«. Jede körperliche Bewegung, ja sogar das Stehen ist ein Spiel mit dem Gleichgewicht, ein Versuch, das Körpergewicht auszubalancieren.

Der Gleichgewichtssinn befindet sich wie alle wesentlichen Sinnesorgane im Kopf. Die drei Bogengänge im Ohr ermöglichen, sich im Raum zu orientieren, und regulieren unser Gleichgewicht. Bei kleinen Kindern sieht man noch, wie jede Bewegung mit dem Kopf beginnt und wie beim ersten Gehen oder Stehen die Arme und Beine den Körper mitausbalancieren. Das Kind muß der Schwerkraft entgegenwirken, um nicht zu fallen. Je sicherer ein Kind wird, desto mehr verschwinden die Begleitbewegungen der ausgebreiteten Arme. Das Gleichgewicht konzentriert sich auf die Körpermitte.

Stellen wir uns einen Seiltänzer auf dem Drahtseil vor. Was muß er alles tun, um dem Fallen entgegenzuwirken? Jeder Schritt ist die Verlagerung des Körpergewichts von einer Seite auf die andere, von einer Fußsohle auf die andere. Deutlich zeigt die Stange als Verlängerung der Arme, wie sehr diese beim Ausbalancieren helfen. Jede Verschiebung des Schwerpunktes – im Inneren des Beckens – wird beim Schreiten von der Stange ausgeglichen und ausgependelt. Der Seiltanz ist nun ein Spiel mit dem Gleichgewicht in besonders kitzeliger »Lage«.

Das Besondere beim Menschen ist, daß sein Schwerpunkt durch seine aufrechte Haltung weit über seiner Unterstützungsfläche, den Füßen, liegt. Das erfordert bei jeder auch nur geringsten Bewegung, die Lage des Schwerpunktes zu verschieben.

Was würde passieren, wenn man z. B. beim einfachen Rumpfbeugen den Schwerpunkt nicht verlagern würde? Um nicht zu fallen, muß die Hüfte nach hinten geschoben werden. Der Kopf hebt sich im Gegenzug nach oben. Die Fersen drücken sich in den Boden.

Bewegungsarme Kinder vermeiden gern den Zustand des Ausbalancierens. Sie suchen Halt in fixierten Stellungen oder halten sich an Dingen fest. Beobachten wir in unserer eigenen Umgebung, wie Menschen stehen oder sitzen. Wo halten sie sich?

– Füße werden umeinander geschlungen,

– man steht auf einem Bein,
– man hält sich selbst am Rücken fest, am Stuhl, Tisch etc.

Beim Ausbalancieren beobachten wir oft, daß die Aufmerksamkeit auf den Teil des Körpers gelenkt wird, der ihn hält. Dabei wird viel Muskelkraft in Verkrampfung und Luftanhalten an dieser Stelle investiert, alle anderen Körperteile bleiben kraft- und achtlos.

Die Fotos von Sarah zeigen, wie sie sich anfangs mühsam auf dem Bein und Fuß hält, dann aber langsam alle Glieder aufrichtet, sie als Unterstützung entdeckt und zum leichten ausbalancierten Stand nützt.

Die Unterstützungsfläche, die der Körper zur Gleichgewichtsfindung braucht, werden durch Spiele mit dem Körper deutlich: den Boden zum Stehen und Abspringen, den Stuhl zum Sitzen, die Wand zum Abstützen, den Partner zum Anlehnen. Hierbei ist entscheidend, daß wir unser Gewicht verlagern und abgeben, daß wir uns von dort aus wieder wegbewegen können – gleichsam von einem Punkt der Balance zum anderen. Wir halten uns in unserer Körperstruktur und nutzen so den Boden, die Wand oder den Körper des anderen als Unterstützung für Richtungsänderung und Beweglichkeit im Raum.

Ein Baum: Stellt euch vor, ihr seid ein Baum. Die Füße sind eure Wurzeln, die fest im Boden verankert sind. Die Augen sind geschlossen. Euer Rumpf ist ein fester Stamm. Die Arme sind eure Äste und recken sich zur Sonne. Ein leiser Wind streicht euch über die Äste, den Stamm. Ihr wiegt euch leise im Wind mit. Der Wind wird stärker, der Rumpf und die Äste drehen sich mit. Der Wind zerrt an den Wurzeln und bewegt den Baum von der rechten Wurzel zur linken, ohne sie herauszureißen. Ein Unwetter zieht auf, und plötzlich schlägt der Blitz in den Baum, und der Baum zerreißt. Stopp!

Variation: Alle stehen im Kreis und halten sich an den Händen gefaßt. Zusammen sind alle ein dicker Baum. Er wiegt sich nach rechts und links, nach vorne und hinten und versucht, ganz gleichmäßig im Wind zu schwingen.

Toter Mann: Drei Kinder stellen sich zusammen. Eines stellt sich in die Mitte. Es wiegt sich allein nach vorne und hinten. Die beiden anderen beginnen, das Gewicht zu übernehmen und den (toten Mann) von einem zum anderen zu schieben. Die Schere wird dabei immer größer.

Waage: Zwei Kinder stehen sich gegenüber und halten sich gegenseitig mit gestreckten Armen. Die Wirbelsäule bleibt aufrecht, während das Becken nach hinten geht. Beide setzen sich zur gleichen Zeit – weiterhin in der Wirbelsäule aufrecht – zwischen ihre Füße. Im Sitzen löst sich der Rücken, wird rund, der Kopf geht zur Brust. Beide setzen sich wieder aufrecht. Das Becken wird als Schwerpunkt weit nach hinten verlagert, während sich beide wieder gemeinsam aufrichten.

Aus dem Gleichgewicht geraten: Jeder überlegt sich eine Stellung in Balance. Ein Kind geht an den Figuren vorbei und versucht, mit dem Zeigefinger die Figuren aus der Balance zu bringen.

Figurenschleudern: Ein Kind dreht seinen Partner und läßt ihn plötzlich los. Der andere versucht, sein Gleichgewicht in der Stellung zu halten, in die er geschleudert wurde.

Variation: Zwei Kinder halten ihr Gewicht mit überkreuzten Armen. Sie drehen sich auf ein Zeichen der Spielleiterin. Auf »Stopp« lassen sich die Partner los und enden ihr Drehen in einer Figur. Die Figur macht eine Bewegung mit der

Nase oder mit dem Mund, den Augen, der Zunge, dem Po, den Knien etc. Die schönste Figur wird ausgesucht.

Untergründe: Auf der Spielfläche stehen verschiedene Objekte – ein Stuhl, ein Kasten oder ein umgekippter Eimer. Die Kinder probieren aus, auf und mit den Materialien zu balancieren. Auch die Wand und der Boden können als Unterstützungsfläche genutzt werden.

Was sagt dir mein Rücken? Zwei Kinder etwa gleicher Größe stellen sich jeweils Rücken an Rücken. Sie stehen mit ihren Füßen fest im Boden verwurzelt. Wenn beide ausbalanciert stehen, erzählt der eine Rücken dem anderen, wie es ihm geht. Alle Paare probieren aus, inwieweit sie sich Rücken an Rücken bewegen können, ohne aus der Balance zu kommen. Dabei ist es auch möglich, sich vom Platz zu bewegen. Beide müssen sich jeweils verständigen, wer in der Bewegung anführt und wer folgt. Dazu kann eine ruhige oder rhythmische Musik ausgesucht werden.

Verwandlung: Zwei Kinder stellen sich zusammen. Eines stellt das andere in eine Balancefigur im Stehen oder Sitzen. Dann versucht es selbst, diese Figur nachzumachen. Dann denkt sich das andere eine Figur für den Partner aus und macht diese auch selbst nach. Die Aufgabe ist nun, sich jeweils von der einen Balancefigur in die andere zu verwandeln. Die Spielleiterin gibt an, sich in slow motion (langsame Bewegung), in abgehackten Bewegungen, in schnellen Bewegungen, mit Unterbrechungen und möglicherweise mit Geräuschen zu verwandeln.

Variation: Die Gruppe wird in zwei Gruppen aufgeteilt. Eine Gruppe baut die verschiedenen Balancefiguren aneinander. Nun verwandeln sich die Figuren als gesamtes Bild von der einen Figur in die andere. Auch das kann schnell, langsam, abgehackt etc. passieren. Wichtig ist dabei, nicht den Kontakt zu den anderen zu verlieren. Auch können sich alle dabei kräftig unterstützen und halten. Die anderen können die Bewegungen mit Geräuschen und Instrumenten in ihren Bewegungen unterstützen. Die Figuren nehmen die Geräusche und Klänge als Impuls für ihre Bewegung auf.

Rhythmus im Blut

Mein Puls, mein Atem: In unserem Körper klingen – ohne daß wir es bewußt bemerken – zwei verschiedene Rhythmen: der Pulsschlag und das gleichmäßige Aus- und Einatmen. Nehmen Sie sich Ruhe und Zeit, zuerst den einen, dann den anderen Rhythmus zu verfolgen. Gelingt es Ihnen auch, beiden gleichzeitig »zuzuhören«? Zwei so verschiedene Rhythmen mit der rechten und der linken Hand zu schlagen, wird vielen sicher schwerfallen. Es besteht also ein Unterschied zwischen »unwillkürlichen« rhythmischen Bewegungen unseres Körpers und »bewußten« Versuchen. Wer sich selbst als »unrhythmisch« bezeichnet, braucht also nicht zu verzagen.

Bewegen im Atemrhythmus: Versuchen Sie einmal folgendes: Hören Sie auf Ihren Atem. Senken Sie den Kopf beim Ausatmen, und heben Sie ihn beim Einatmen. Das ist schon eine bewußte rhythmische Bewegung. Sie können sie erweitern, indem Sie mit dem Einatmen die Arme breit machen, mit dem Ausatmen die Arme um den Körper schließen und sich klein machen. Treiben Sie aber nicht ihren Atemrhythmus durch Ihre Bewegungen an. Sie könnten jetzt Ihre Bewegungen statt nach dem Atem nach gleichmäßigem Zählen richten: z. B. 1 2 3 (öffnen) 4 5 6 (schließen). Was ändert sich dabei?

Das Bewegen nach dem Atem fördert nicht nur den Bewegungsfluß, sondern intensiviert auch die jeweilige Bewegung (siehe auch: »Ein schöner Rücken ...«, Einzelarbeit mit einem Kind und »Koordination«).

Rhythmischer Singsang: Aber auch ohne die bewußte Koordination mit dem Atem haben viele Bewegungen einen rhythmischen Verlauf. Beobachten Sie z. B. Kinder oder sich selbst beim Seilspringen. Je gleichmäßiger der Rhythmus ist, in dem sie springen, um so leichter wird es ihnen fallen. Wie ein Ball werden Sie vom Boden abfedern. Kinder helfen sich bei ihren Bewegungen oft mit einem gleichmäßigen Singsang, wie z. B. beim Seilspringen: Teddy-bär Teddy-bär dreh dich um/Teddy-bär Teddy-bär mach dich krumm usw. Durch gleichzeitiges Singen und Sprechen fällt es ihnen leichter, im Bewegungsrhythmus zu bleiben.

Der Rhythmus macht die Bewegung wiederholbar: Neben der Leichtigkeit, dem Bewegungsfluß und der Intensität hat der Rhythmus noch eine weitere Bedeutung für die Bewegung: Er gibt ihr einen eindeutigen Anfang und ein Ende und macht sie viele Male wiederholbar. Erinnern Sie sich an das 1 2 3 (öffnen) 4 5 6 (schließen). Immer wieder auf 1 beginnt das Öffnen und auf 4 das Schließen. Leicht kann jemand dazukommen und Ihre Bewegung in diesem Rhythmus mitmachen, ein ganzer Bewegungschor könnte entstehen.

Wie lerne ich, einen Rhythmus vorzugeben?: Ein Mittel, Kindern einen Rhythmus für ihre Bewegungen vorzugeben, ist das Schlagen auf der Handtrommel. Das setzt jedoch voraus, daß die Spielleiterin – wenn sie z. B. die Kinder zum Hüpfen animieren will – einen geeigneten Rhythmus findet. Schlage ich 1 2 3 4, 1 2 3 4, so wird das eher zum Marschieren, nicht aber zum Hüpfen auffordern. Dazu braucht es ein »+ 1 + 2 + 1 + 2...«

PadamPadamPadam...

Je schneller ich diesen Rhytmus schlage, um so flacher werden die Hüpfer sein. Je deutlicher ich den Schlag auf »dam« betone, um so kräftiger werden sich die Kinder mit dem Sprungbein vom Boden abdrücken.

Viele Spielleiterinnen greifen gar nicht erst zur Handtrommel, weil sie befürchten, den Rhythmus nicht halten zu können. Das ist zweifellos nicht einfach, weil man sich dabei oft selbst nicht mitbewegt und die Bewegung der Kinder nur gedanklich mitvollzieht. Eine Hilfe kann es hier sein, die Kinder zum Hüpfen Verse erfinden zu lassen. Die können dann alle – einschließlich der Spielleiterin – gemeinsam singen und dazu hüpfen: z. B. So hoch ich kann, hüpf ich zu dir, wie hoch kannst du's, komm zeig es mir. Die Leiterin setzt dann mit der Handtrommel ein.

Schwingen und marschieren: Wir haben vorher bereits angedeutet, daß unterschiedliche Rhythmen ganz unterschiedliche Bewegungsweisen bewirken. Ein Walzer im $^3/_4$-Takt animiert zu schwingenden Bewegungen und zum Drehen, eine Musik im $^4/_4$-Takt eher zu geraden Schritten vorwärts. Beide Rhythmen wirken auch unterschiedlich auf unsere Empfindungen und unsere Körperfunktionen. Das Schwingen und Drehen zum $^3/_4$-Takt kann bewirken, daß ich mich weich fühle, mich von der Musik schwingen, in sie hineinfallen lasse. Die harten, schnellen $^4/_4$-Schläge der gerade aktuellen »Computer-Musik« können Pulsschlag und Herzrhythmus beschleunigen, mich »anheizen« und meine Bewegungen noch dynamischer machen. In Afrika und Indien z. B. werden zu verschiedenen Tageszeiten unterschiedliche Rhythmen gespielt, die z. B. am Morgen anregend oder am Abend beruhigend wirken und eine lange Tradition haben. Auch wir können diese Unterschiede hören, obwohl uns die Musik fremd ist (Musikbeispiel: Nikil Banerjee, Ragas for Meditation).

Was hier für den Rhythmus beschrieben wurde, gilt auch für die gesamte Musik. Wie Musik zur Bewegungsförderung und -gestaltung einzusetzen ist, haben wir in den vorangegangenen Kapiteln an einigen Stellen aufgezeigt. An diesem Ort soll nur auf den Rhythmus als ein musikalisches Element eingegangen werden.

Breakdance: Die Bedeutung rhythmischen Bewegens für Kinder und Jugendliche zeigt sich z. B. in der Akutalität der Rap-Musik. Nach klaren rhythmischen Impulsen bewegen die Tänzer einzelne Körperteile wie eine Marionette und vollführen dabei oft akrobatische Kunststücke.

Kopf sucht Bauch: Alle Kinder liegen am Boden. Jeder Kopf sucht sich einen Bauch, auf den er sich legt, bis alle aneinanderliegen wie Dominosteine. Das ist ungewohnt und reizt zum Lachen. Wenn du lachst, dann hüpft mein Kopf auf deinem Bauch. Wenn du ruhig liegst, kann ich spüren, wie dein Atem deinen Bauch hebt und senkt. Mein Kopf hebt und senkt sich mit. Ich kann jetzt probieren, im gleichen Rhythmus zu atmen wie du. Wenn das alle versuchen, dann atmet schließlich die ganze Gruppe im gleichen Rhythmus. Ihr könnt es hören, wenn alle beim Ausatmen einen Ton summen.

Puls fühlen: Ein Kind legt sich auf den Rücken und tut so, als würde es fest schlafen. Ein anderes probiert, ob es auch wirklich schläft, hebt eine Hand vom Boden, dann den Unterarm, dann den ganzen Arm. Schläft der andere Arm auch? Probiert es aus.

Jetzt versucht, den Puls des Schläfers zu fühlen. Sucht ihn mit euren Fingerspitzen unterhalb des Handgelenkes. Zählt die Pulsschläge laut mit. Könnt ihr einen Rhythmus erkennen? Sind die Pulsschläge gleichmäßig oder mal langsamer, mal schneller, mal stärker, mal schwächer? Wenn ihr eine Uhr neben euch legt, könnt ihr die Pulsschläge in einer Minute zählen. Vergleicht sie mit eurem eigenen Pulsschlag und wechselt dann.

Macht zum Schluß auf einem Rhythmusinstrument nach, wie euer Puls schlägt. Andere können dazu im Raum herumgehen, vorwärts und rückwärts. So läßt sich leicht herausfinden, wessen Puls schneller und wessen Puls ruhiger schlägt.

Eene, Meene, Ping, Pong: Die Gruppe sitzt im Kreis. Alle machen gemeinsam einen Rhythmus, z. B. im $^4/_4$-Takt:

Eene	Meene	Ping	Pong
1	2	3	4
rechte Hand schlägt auf rechtes Knie	linke Hand schlägt auf linkes Knie	rechts in die Luft schnipsen	links in die Luft schnipsen

Wenn alle im gleichen Rhythmus schlagen und schnipsen, ja es schon fast im Schlaf können, dann beginnt die Spielleiterin: Wir erfinden jetzt zusammen eine

Geschichte, ich fang' mal an. Gestern stieg ich in den Bus, auf einmal fing er an zu fliegen... Der nächste erzählt weiter, bis alle dran waren, oder die Spielleiterin einen Schluß findet. Sie probiert sich selbst zuerst einmal darin aus, den Rhythmus zu halten und dabei zu sprechen. Einigen Kindern wird es nicht gelingen, zu sprechen und zugleich den Rhythmus zu halten. Das macht gar nichts, denn die Gruppe hält ja den Rhythmus.

Variationen:

1) Anstelle des Geschichteerzählens kann man das gemeinsame Rhythmusschlagen auch verwenden, um spontane Assoziationen der Kinder zu Begriffen oder Problemen wie »Wut im Bauch« oder »Schule« o. ä. zu sammeln.

2) Der Eene-Meene-Ping-Pong-Rhythmus läßt sich beliebig erweitern, z. B. so:

Hatze	Batze	Kulle	Wulle
5	6	7	8
mit beiden Händen auf den Boden schlagen		rechts in die Luft boxen	links in die Luft boxen

Auf die anderen achten: Will eine Gruppe in einem gemeinsamen Rhythmus musizieren oder sich bewegen, ist es nicht unbedingt erforderlich, daß alle den Rhythmus vollkommen beherrschen. Hilfreicher als ein »Einzeltraining« der »Störer« ist es oft, in der Gesamtgruppe die Fähigkeit zu fördern, aufeinander zu hören und beim Bewegen die anderen im Blick zu haben, die eigene Aufmerksamkeit und das eigene Spiel auf die anderen einzustellen.

Die folgenden zwei Spiele geben hierzu Anregungen. Das alles wird jüngeren Kindern schwerer fallen. Doch schon mit dem Eintritt in die Schule wird von ihnen verlangt, sich als Teil einer großen Gruppe, der Schulklasse, zu verhalten und zu bewegen. Das sollte nicht ausschließen, daß auf die besonderen Schwierigkeiten einzelner Kinder auch in besonderer Weise eingegangen wird.

Der Luftballon platzt: Siehe Kapitel: Sich Beine machen – Raum

Das Riesenrad: Je größer der Raum ist, um so besser kann sich das Riesenrad bewegen. Die Kinder stehen hintereinander in einem großen Kreis. Stellt euch vor, wir alle sind ein großes Riesenrad. Die Mitte des Riesenrades wird mit einem großen Gegenstand gekennzeichnet. Überall dort, wo jemand steht, ist ein »Sessel«. Das Riesenrad kann sich nur dann in Bewegung setzen, wenn es wirklich rund ist und wenn alle »Sessel« gleichmäßig im Kreis verteilt sind. Auf ein Signal, einen hohen Flötenton z. B., setzt sich unser Riesenrad langsam in

Bewegung. Achtung, die Fahrt geht los. Niemand kann mehr zusteigen. Gleichmäßig wird das Riesenrad immer schneller und schneller, bis alle Kinder ins Laufen kommen. Paßt auf, und achtet aufeinander, damit kein Loch im Riesenrad entsteht und es auseinanderbricht. Wenn ihr eure Arme ausbreitet, ist es fast, als würdet ihr fliegen. Die Fahrt ist bald um. Das Riesenrad wird wieder langsamer – aber Vorsicht, nicht zu plötzlich –, bis es sich nur noch sehr langsam bewegt und zart zum Stehen kommt. Probiert aus, wie es ist, wenn lauter Doppelsessel am Riesenrad befestigt sind (paarweise im Kreis laufen), wenn sich das Riesenrad andersherum dreht oder wenn es kleiner oder größer ist.

Lieblingsessen: Der Unterschied zwischen einem $^2/_4$-Takt und einem $^3/_4$-Takt läßt sich leichter mit »Gries-brei« und »Cur-ry-wurst« erarbeiten als durch Zählen (1 – 2 und 1 – 2 – 3).

Überlegt euch schnell, was ihr im Moment am liebsten essen würdet, und schreibt es auf einen Zettel, aber so, daß es keiner sieht. Die Spielleiterin beginnt, ihr Lieblingsessen vorzustellen, indem sie die einzelnen Silben klatscht: Him-beer-eis hieße also dreimal klatschen. Erratet ihr, was ich mir ausgedacht habe? Hilfestellungen dürfen gegeben werden, z. B. der Anfangsbuchstabe oder ob es süß oder sauer schmeckt. Jedes erratene Wort wird für alle sichtbar mit getrennten Silben (Gries-brei) aufgeschrieben.

Ein dreisilbiges und ein zweisilbiges Wort werden ausgewählt, das alle im Chor rufen wie den Namen einer Fußballmannschaft. Dazu schlagen die rechte oder linke Hand abwechselnd auf die Knie. Am schwierigsten wird es sein, das dreisilbige Wort fortlaufend zu schlagen. Hilfreich ist es, jeweils die erste Silbe zu betonen. Ein Teil der Gruppe entscheidet sich jetzt für das zweisilbige Wort, z. B. Gries-brei, der andere für das dreisilbige Wort, z. B. Cur-ry-wurst. Während die eine Gruppe ihr Wort/ihren Rhythmus auf Rhythmusinstrumenten spielt, kann die andere Gruppe sich dazu im Raum bewegen, und umgekehrt.

Ihr könnt auch einen »Gries-brei«-Chor und einen »Cur-ry-wurst«-Chor bilden. Wer bringt wen aus dem Konzept? Jeder Chor denkt sich zum eigenen Rhythmus eine gemeinsame Bewegung aus. So fällt es leichter, den Rhythmus zu halten.

Die Spielleiterin spielt einfache Lieder oder Hits der aktuellen Hitliste mit Griesbrei- oder Currywurst-Rhythmus ein. Erkennt ihr den Rhythmus? Ihr könnt ihn auf Instrumenten begleiten oder die Bewegungen, die ihr gefunden habt, darauf ausprobieren. Eine weitere *Variation*: Erinnert euch an euer Lieblingsessen vom Anfang. Sagt es vor euch her, und geht dabei kreuz und quer durch den Raum. Jede Silbe ist ein Schritt. Geht jetzt zu zweit im Raum herum. Jeder bleibt bei seinem Wort. Wer bringt wen aus dem Konzept? Setzt eure beiden »Lieblingsessen« zusammen, z. B. Scho-ko-la-de-Kau-gum-mi. Geht nach dieser Silbenfolge vorwärts, rückwärts im Raum umher, denkt euch dazu eine kleine Bewegungsfolge aus, die ihr dann in der ganzen Gruppe zeigen könnt. Die anderen machen sie euch im Chor nach.

Ich folge dir . . . : Ein Lied im »Gries-brei-«, später im »Cur-ry-wurst«-Rhythmus wird eingespielt. Geht zu zweit zusammen. Einer stellt sich hinter den anderen, legt die Hände auf die Schultern des vorderen und schließt die Augen. Geht zum Rhythmus des Liedes so durch den Raum, daß euer »blinder« Partner eure Schrittfolge und Gangart leicht erspüren und sie mitmachen kann. Bei diesem Spiel wird der Rhythmus nicht durch das Sprechen oder mit Instrumenten aufgenommen, sondern durch die Bewegung. Je klarer und einfacher sie ist und je deutlicher Betonungen gesetzt werden, um so leichter wird es dem Partner fallen, sie mitzumachen. Es wird eine Weile dauern, bis die beiden Partner sich einander anvertraut haben, ihre Bewegungen miteinander harmonieren und sie sich wie ein »eingespieltes Tanzpaar« im Raum bewegen. Danach wird gewechselt.

Für Fußballfans: Jetzt ist »Fußball« dran. Welche Mannschaften kennt ihr? Mit welchen Schlachtrufen werden sie angefeuert? Genannt werden könnte z.B. »Ein-tracht, Ein-tracht, eieieiei«. Ähnlich wie beim vorigen Spiel können sich »Fanclubs« bilden, die ihre Mannschaft im Chor vertreten und versuchen, den anderen Chor aus dem Rhythmus zu bringen. Singt euren Schlachtruf nicht nur laut, sondern auch so leise wie möglich.

Der rhythmische Ball: Alle stehen im Kreis. Ein für die jeweilige Altersgruppe interessantes Lied wird eingespielt oder gesungen. Der Ball soll nun im Rhythmus des Liedes von einem zum andern wandern. Wenn ihr mitsingt, wird euch das leichter fallen. Der Ball kann auch im Rhythmus kreuz und quer geworfen werden. Dazu muß jedoch der Kreis enger gemacht oder ein Lied mit einem langsameren Rhythmus ausgewählt werden.

Gelingt euch das gleiche auch mit zwei Bällen, die hin und her fliegen oder wandern?

Ich heiße . . . : Alle stehen im Kreis. Die Spielleiterin gibt durch Schnipsen mit den Fingern einen Grundschlag im $^4/_4$-Takt vor. Sprechen Sie etwa vor sich hin:

Scho-ko-la-den-eis-ver-käu-fer
1 + 2 + 3 + 4 +

Die betonten Silben werden mit Fingerschnipsen betont. Schon haben Sie den Grundschlag. Unseren Grundschlag dürfen wir nicht verlieren. Am besten geht das, wenn ihr ihn alle mitmacht. Ich möchte jetzt mit euch eine Vorstellungsrunde machen. Ich singe euch vor, wie ich heiße, und mache eine Bewegung dazu.

Aa_______aan gelika
1 + 2 + 3 + 4 +
Do_____ro Do_____ro the_______a_____
1 + 2 + 3 + 4 +
Kri_______stin ti rin tin tin
1 + 2 + 3 + 4 +
Ha Ha Haha Han-ne
1 + 2 + 3 + 4 +
Ker-stiti titi titi Ker-stiti titi ti

Jeder rhythmisiert auf seine Weise seinen Namen. Die Bewegung unterstützt dies. Die Gruppe wiederholt Name und Bewegung zweimal im Chor.

Wenn sich alle vorgestellt haben, können wir einen vielstimmigen Namenschor erklingen lassen: Auf »1 + 2 +« singt jeder immer wieder seinen Namen in seinem Rhythmus. Die Spielleiterin wählt drei Namen mit möglichst unterschiedlichen Rhythmen aus, die in einem dreistimmigen Chor gesungen werden. Jede »Stimme« kann sich selbst mit Rhythmusinstrumenten unterstützen oder die zum Namen gehörende Bewegung dazu nehmen.

Dichten: Nicht nur Lieblingsessen, Fußballmannschaften und Namen eignen sich zum Rhythmisieren, sondern auch Gedichte, die auch selbst erfunden werden können. Ein Beispiel:

Mein Freund Franz
hat 'ne schwarze Gans.
Wer sie berührt,
der wird entführt
nach... (Afrika oder China oder London an der Themse oder...).

Versucht einmal, mit euren Instrumenten das Gedicht »aufzusagen«. Verteilt dann jede Zeile an ein anderes Instrument. Jetzt müßt ihr aufpassen, daß ihr euren Einsatz nicht verpaßt. Während ein Teil der Gruppe den Vers mit den Instrumenten spielt, kann ihn ein anderer Teil darstellen. Ihr könnt auch zu jeder Zeile ein großes Bild malen. Die Bilder heftet ihr so zusammen, daß ihr sie Zeile für Zeile umblättern könnt – wie bei einem Moritatengesang.

Sprichworte: Auch Werbeslogans, Sprichwörter oder Sprüche – sie sind z. Zt. wieder sehr aktuell – eignen sich zum Rhythmisieren. Welche kennt ihr? Sie werden für alle sichtbar aufgeschrieben. Die Spielleiterin gibt wieder einen Grundschlag vor (siehe: Ich heiße...), den die Gruppe aufnimmt und mitmacht. Versucht, euch mit euren Sprüchen zu unterhalten, z. B. so: »Morgenstund hat Gold im Mund«, »Es gibt noch viel zu tun, fangt schon mal an«, »Ohne Rock kein

Bock«, »Liebe macht blind«, »Wer nicht will, der hat schon«, »Weg mit den Lehrern – freie Sicht zur Tafel«... Versucht, nach dem Sprechrhythmus eurer Sprüche Hüpfseil zu hüpfen – mal schnell, mal langsam – , euch zu zweit einen Ball zuzuwerfen – mal hoch, mal flach –, in einer Reihe hintereinander im Gleichschritt zu gehen, auf einem Bein zu hüpfen, am Bordstein entlang zu gehen, auf einem Baumstamm zu balancieren, einen Waldweg zu spazieren usw.

Rhythmusmalen: Kann man, was man hört, auch sehen? Klar, wenn man es aufmalt. Die Spielleiterin gibt auf einem Instrument einen Rhythmus vor, bei dem lange Schläge von kurzen, laute von leisen deutlich zu unterscheiden sind. Die Kinder hören eine Weile zu. Malt mit Kreide, Wachsstiften oder Fingerfarben auf eine großes Blatt, was ihr gehört habt. Die Spielleiterin kann den Rhythmus mehrmals wechseln, später auch ein rhythmisches Lied einspielen. Die Bilder der Kinder geben Aufschluß darüber, was sie hören bzw. nicht hören.

Die gemalten Rhythmen können dann gespielt werden, zum Beispiel so: Einer ist der »dicke Strich« (für den lauten Schlag), neben ihm stellen sich die »dünnen Striche« auf. Auf den lauten Schlag macht der »dicke Strich« einen Hüpfer oder eine andere Bewegung, die »dünnen Striche« folgen mit einer Bewegung, wenn sie dran sind. Können die »Striche« den Rhythmus auch ohne die Begleitung der Spielleiterin spielen?

Rhythmusinstrumente ausprobieren: Rhythmusinstrumente können neben dem Orffschen Instrumentarium auch selbstgebastelte Klangkörper sein: Aus Dosen, die mit Reis oder Erbsen gefüllt werden, können Rasseln, aus Waschmitteltonnen können Trommeln werden usw.* Jeder wählt sich ein Rhythmusinstrument. Probiert aus, welche verschiedenen Töne und Geräusche ihr damit machen könnt. Probiert alle zusammen, leise und laute, hohe und tiefe Töne zu machen. Zeigt mit euren Instrumenten, wie sich eine Schnecke bewegt, wie ein Wiesel oder eine Maus, wie ein Pferd, ein Elefant oder ein Vogel sich bewegen.

Entscheidet euch jetzt für ein Geräusch oder eine Lautfolge mit eurem Instrument, z. B.
klack klacklack klack klacklack...

Macht sie in der Gruppe vor. Die Gruppe macht sie nach. Beherrscht die Gruppe meinen Rhythmus, kann ich als Solist mit meinem Instrument dazu improvisieren. Wird der Solist leiser, sollte auch die Gruppe leiser werden. Hört ihm also gut zu. Auch dies ist eine Übung, zwei verschiedene Rhythmen zugleich hören zu lernen.

* Anregungen hierzu sind zu finden in: Beratungsstelle für Gestaltung..., Heft 23: Musikmachen

Die Puppen tanzen lassen: Zwei Musiker (später mehrere) stellen um sich herum verschiedene Rhythmusinstrumente auf. Damit sollen sie eine Gruppe von Tänzern in Bewegung bringen. Wie leblos liegen diese zusammengerollt am Boden. Beginnt langsam und leise. Versucht, bei ihnen zuerst einmal einen Körperteil in Bewegung zu bringen, dann einen weiteren. Versucht, sie mit euren Klängen zum Aufstehen, dann zum Tanzen zu bewegen. Probiert aus, was eure Tänzer tun, wenn ihr laute, leise, hohe oder tiefe Töne macht, wenn ihr schnell oder langsam schlagt. Wenn ihr die Tänzer mit euren Instrumenten genug angefeuert habt, bringt sie wieder zur Ruhe, bis sie eingerollt am Boden liegen. Tänzer und Musiker können ausgewechselt werden. Ein Teil der Gruppe kann sich als Zuschauer um die Tanzfläche herum setzen und das Treiben verfolgen.

Leicht wie eine Feder ... schwer wie Sand ...

Entspannung

Unser Körper lebt durch den Wechsel von Spannung und Entspannung. Die Stoffwechselprozesse und die Muskeln könnten ohne den natürlichen Rhythmus von Ein- und Ausatmung nicht funktionieren. Durch die Atmung lösen sich *Spannung* und *Entspannung* ab, das körperliche, wie auch das seelische Gleichgewicht werden durch diesen Prozeß in Balance gehalten. Hochgezogene Schultern, eingeknickter Oberkörper, verkrampfte Gesichtszüge, steife Gliedmaßen, flaches Atmen – Zeichen der Verkrampfung, die uns oft schon im Kindergarten begegnen. Die natürliche Fähigkeit des Körpers, sich zu lösen und entspannen, ist weitgehend verlorengegangen. Gezielte Entspannungsübungen können Verkrampfungen bewußt machen, teilweise auch lösen – in jedem Falle im Vorfeld verhindern. Ebenso wichtig wie die Entwicklung von Beweglichkeit und die Förderung von Bewegung ist auch die Erfahrung von Entspannung und Ruhe, ist das Wissen um Anstrengung und Erschöpfung. Wir schöpfen unsere Kraft meist aus dem Schlafen und fügen so unser Entspannungs- und Erholungsbedürfnis ausschließlich in den Rhythmus von Tag und Nacht.

Im folgenden werden Wege gezeigt, die den Körper auf bewußtem Wege entspannen und damit auch kräftigen, denn Entspannung darf nicht verwechselt werden mit Schlaffheit und Kraftlosigkeit. Es sind spielerische Wege, die überall praktiziert werden können und in jede »Bewegungsstunde« einbezogen werden sollten. Voraussetzungen sind lediglich eine ruhige, gemütliche Atmosphäre; ein Raum mit Teppich oder Decken, eine Wiese, die genügend Platz bietet und keine Ablenkung zuläßt.

Auch bei Überdrehung oder Durcheinander der Gruppe wirkt ein »Entspannungszauber« oft Wunder.

Falleritis: Aus dem schnellen Lauf »einfrieren« – ein Trommelschlag gibt das »Stopp«-Zeichen – und die Kinder sinken langsam zu Boden wie ein Schneemann, der durch die Sonne schmilzt. Dieses Spiel wird mehrmals wiederholt, wobei die Fallgeschwindigkeit gesteigert werden kann.

Meist haben Kinder keine Angst vor dem Fallen, ansonsten sollten Matten oder Decken ausgelegt werden.

Sich aufblasen: Die Kinder liegen auf dem Rücken am Boden. Sie legen ihre Handflächen auf den Bauch. Spürt, wie sich beim Einatmen euer Bauch hebt,

wie er beim Ausatmen klein und flach wird und der Rücken sich gegen den Boden drückt.

Stellt euch vor, ihr hättet einen großen Schwimmreifen um euren Bauch und Rücken. Er bläst sich auf, und beim Ausatmen geht die Luft wieder raus.

Marionette: Ihr seid wie eine Marionette aufgehängt; an euren Körperteilen sind Fäden befestigt. Ich ziehe jetzt alle Fäden, und ihr steht wie ein Hampelmann. Achtung: der Handfaden wird losgelassen, und eure Hände fallen herunter; der Faden am Unterarm löst sich, und der Ellenbogen gibt nach; der Faden an der Schulter und der ganze Arm fällt; jetzt fällt der Kopf und jetzt der Oberkörper. Ihr seid nur noch am Becken und an den beiden Knien aufgehängt. Jetzt werden auch noch die Kniefäden und gleich darauf der Beckenfaden losgelassen. Kann ich euch nun auch wieder aufrichten? Versuchen wir's. An den Knien wird gezogen, am Beckenfaden, am Rückenfaden, und ihr seid schon fast aufgerichtet. Jetzt fehlen noch die Arme (Ober-, Unterarme und Hände), und ganz zum Schluß ziehe ich den Kopffaden. Am Kopffaden ziehe ich nun stärker, so daß euer Rücken lang wird und ihr auf die Zehenspitzen kommt und... plotz, alle Fäden werden auf einmal durchgeschnitten.

Toter Mann: Die Hälfte der Kinder liegt auf dem Rücken, der Partner steht daneben. Bei kleineren Kindern sollte die SpielleiterIn unterstützen. Jetzt

kommt der »Locker-Test«. Die Kinder heben die Hand des Partners und »lokkern« diese; ist sie ganz entspannt, so kann man sie fallenlassen, ohne daß es weh tut. Dasselbe mit den Unterarmen bzw. mit dem ganzen Arm; entsprechend mit den Beinen. Diese Übung erfordert viel Behutsamkeit und Verantwortungsgefühl; gegenseitiges Vertrauen ist Grundvoraussetzung.

Gelenkrondell: Ähnlich wie beim »toten Mann« hebt der Partner einzelne Körperteile, probiert aber nun aus, was man alles damit machen kann, wie die Gelenke funktionieren: kreisen, heben, ziehen... Mit viel Vorsicht – bei wirklicher Entspannung werden die Körperteile sehr schwer! – kann bei dieser Übung auch die Beweglichkeit des Kopfes ausprobiert werden.

Körperbild: Alle stehen im Kreis. Die Spielleiterin berührt sich am ganzen Körper: »Das ist mein Körper, das bin ich. Wo ist euer Körper, faßt euch überall an.« Die Kinder *berühren* Schultern, Arme, Hände, Hals, Brust, Bauch, Rücken, Po, Beine und Füße. »Packt ruhig fest zu – ist noch alles da?« Und wie ist es mit dem Kopf. Jetzt wird der ganze Körper *abgeklopft*, wir wecken ihn auf, von oben nach unten, und zum Schluß den Kopf mit den Fingerspitzen klopfen. Dann *zupfen* wir unsere Haut und am Ende *streichen* wir über unseren Körper: Arme, Hals, vorne, hinten, Beine, Füße, das Gesicht und den Kopf... Spürt jetzt das Prickeln und die Wärme. Diese Übung kann auch partnerweise durchgeführt werden.

Im Sand: Legt euch mit ausgestreckten Armen und Beinen auf den Rücken (auf Decken oder Matten). Legt eure Handflächen unterhalb der Brust auf eure Rippen und spürt, wie sie vom Atem gehoben und gesenkt werden. Laßt sie zum

Bauch wandern und euren Atem in den Bauch fließen. Spürt wie eure Handflächen sich mit dem Bauch heben und senken.

Stellt euch vor, ihr liegt im warmen Sand. Laßt euch hineinsinken. Spürt, wie sich euer Körper im Sand abdrückt. Beginnt bei der Fersen, wandert weiter zu den Waden, zu den Oberschenkeln, wo drückt sich euer Po und euer Becken besonders in den Sand? Wandert den Rücken entlang und spürt, an welchen Stellen er sich im Sand abdrückt und wo nicht. Wandert dann den Nacken entlang zum Kopf. Wie liegt er? Laßt euer Kinn ein wenig nach unten sinken, so wird der Nacken lang, und der Kopf liegt weicher im Sand.

Der Mensch wächst: Die Kinder legen sich auf den Bauch und schließen die Augen. Die SpielleiterIn erzählt eine Geschichte wie z.B.:

Vor langer Zeit gab es keine Lebewesen, zumindest nicht solche, wie wir sie heute kennen: Tiere, Menschen, Vögel... Es gab »Urviecher«, kleine wurmähnliche Tiere ohne Arme und Beine und ohne Augen. Sie lebten im Wasser oder in feuchter Erde. Könnt ihr euch so bewegen wie diese Tiere – ohne Arme und Beine und ohne etwas sehen zu können? Jetzt wachsen ihnen kleine Hände, und sie können damit tasten und sich besser vorwärtsziehen. Eine große Nase haben sie auch, und sie schnuppern in der Gegend herum. Dann wachsen ihnen Füße. Füße und Hände werden größer und werden zu Armen und Beinen, und sie können plötzlich krabbeln und fühlen sich auf festem Boden viel wohler als im Wasser. Und Augen haben sie jetzt auch und können nicht nur tasten und riechen, sondern die Welt auch sehen. Sie können sich bald auch auf Händen und Füßen weiterbewegen und sind schon ganz schön flink, können herumtollen und auf Bäume klettern. Immer wieder versuchen sie, sich auf die Hinterbeine zu stellen, damit sie ihre Hände zum Spielen frei haben – aber es fällt noch schwer, und sie fallen um. Aber eines Tages sind die Hinterbeine stark genug. Sie laufen dann immer mit gebeugtem Oberkörper herum, um sich notfalls doch schnell mit den Händen abstützen zu können. Die Augen wollen aber noch mehr sehen, und sie heben den Kopf hoch, bis der Rücken gerade ist, und sie können gehen, laufen, springen wie du und ich...

Körperreise: Die Kinder stehen mit beiden Füßen fest auf dem Boden im Kreis. Die Knie sind leicht gebeugt, und wir stellen uns vor, daß oben auf der Kopfkrone ein Faden befestigt ist, der uns zur Decke zieht und Nacken und Rücken lang macht. Die Schultern hängen, und die Arme sind schwer. Der *Kopf* macht kleine Kreise, und der Mund ist leicht geöffnet; die Nase malt überall hin: große Kreise, Linien, Punkte, an die Decke, nach vorn, nach unten... (siehe auch Kapitel »Von Kopf bis Fuß«). Auch mit den *Schultern* probieren wir aus, was alles machbar ist: zucken, nach vorn, nach hinten geben, kreisen. An den Ellenbogen ist jetzt auch ein Stift befestigt, und wir malen überall hin, auch nach hinten, unser Oberkörper bleibt dabei ganz ruhig. Auch die *Armgelenke* sind beweglich, die Hände können klappen, sich strecken oder eine Faust machen; die einzelnen *Finger* spielen Klavier. Die ganzen Arme trommeln, mal schnell, mal langsam, mal zart, mal heftig, und die Trommel ist überall um uns herum. Mal trommelt der ganze Arm, mal nur die Schulter, der Ellenbogen, das Handgelenk oder die einzelnen Finger.

Was kann man alles mit dem *Rumpf* tun? Strecken und zusammenziehen, nach vorne beugen, nach hinten beugen, zu beiden Seiten, und man kann ihn drehen wie eine Wendeltreppe. Ja, und da gibt es noch die Hüfte, die kann kreisen wie beim Bauchtanz, kann nach vorn, hinten und zur Seite geschoben werden, ohne daß sich der Oberkörper dabei bewegen muß. Ja, und die *Beine* können sich jetzt kaum noch halten. Wir können ausprobieren, wie das Bein in der Hüfte bewegt werden kann, es kann nach allen Seiten hin pendeln; wenn wir das Knie mit anwinkeln, fällt es leichter, das Bein zu bewegen, in alle Richtungen, hoch und tief, schnell und langsam. Wir schütteln die Beine aus und konzentrieren uns auf die *Füße*. Wir können auf den Hacken stehen, auf den Fußspitzen, auf der Innenkante und Außenkante, wir bewegen das Fußgelenk und gehen tief in die Knie.

Im Anschluß an die »Körperreise« könnte der »Schlangentanz« gemacht werden (siehe Kapitel »Sich Beine machen – Die Indianerschule«).

Meereszauber: Die Kinder legen sich auf den Boden – wie sie am liebsten abends vor dem Schlafengehen liegen. Wir machen jetzt eine Reise zum Meeresgrund. Euer Körper ist schwer und drückt sich in den Meeresboden. Es ist ein schöner Tag, und die ersten Sonnenstrahlen erreichen euch durch das glitzernde Wasser. Es ist warm und ruhig. Ihr fangt an, nur einen Finger zu bewegen (hier hilft Musik, um die Konzentration zu steigern, z. B. Ommadawn); dann zwei und drei Finger und langsam die ganze Hand; jetzt die Zehen, der Fuß; langsam fangen die Beine an, sich zu bewegen. Die Bewegungen sind sehr sachte und weich – ihr seid ja im Wasser. Wer seid ihr? Eine Wasserblume, Seegras oder ein kleiner Krake? Auch der Kopf beginnt sich hin und her zu bewegen. Der gesamte Oberkörper windet sich, und ihr bewegt euch so am Meeresboden entlang. Ihr wollt aber vom Meeresboden wegkommen, dem Himmel und der Sonne entgegen, und so kommt ihr immer höher bis zur Meeresoberfläche und erblickt die Berge in der Ferne...

Der »Meereszauber« ist eine wunderbar entspannende Möglichkeit, von der Bodenlage hochzukommen. Es regt die Kinder zu Improvisation und freiem Tanz an.

Beim ersten Mal werden die Kinder ziemlich schnell »hochkommen«. Erst nach und nach entwickelt sich die notwendige Vertrautheit, Ruhe und die Kunst zum Ausprobieren – altersentsprechend und abhängig von der Gruppensituation werden sich die Kinder mehr oder weniger Zeit dafür nehmen können.

Ist eine Gruppe durch Wiederholung mit dieser Übung vertraut, können sich auch Paare bilden, die gemeinsam den »Meereszauber« gestalten...

Führen und Folgen: Paarweise führen sich die Kinder durch den Raum. Ein Kind hält die Augen geschlossen und versucht, den Impulsen des führenden Kindes nachzugehen: hoch, tief, zurück, vor, seitlich, drehen, auf den Boden kommen, schnell, langsam, groß, klein... Es gibt verschiedene Möglichkeiten des Führens: über leichten Fingerkontakt, über leichtes Schubsen, oder die beiden Kinder stehen Rücken an Rücken und schieben sich über den Rückenkontakt durch den Raum.

Eine ruhige Musik unterstützt die entspannende Atmosphäre, und am Ende wird das geführte Kind zu einer Statue gebaut. Wie eine Schaufensterpuppe oder eine Figur aus Stein hält dieses Kind seinen Körper in der gebauten Haltung in Spannung. Die »Architekten« schauen sich ihr »Werk« an, und das ganze Spiel beginnt von vorne mit vertauschten Rollen. Es kann auch gemeinsam ein Gruppenbild gebaut werden.

Die Säule erschrickt: Die Kinder liegen in der Rückenlage am Boden. Ein Körperteil nach dem anderen wird angespannt und direkt danach gelöst: eine Faust machen und loslassen, Arme gegen die Seite drücken, Po zusammenkneifen, Bauch anheben, Füße strecken, Oberschenkel zusammendrücken, das Gesicht verzerren... Ein Triangel- oder Beckenschlag kann Zeichen für die Entspannung, für das Loslassen sein. Am Ende sollen die Kinder den ganzen Körper auf einmal anspannen – noch fester... und dann loslassen. Die Beine fallen zur Seite, die Arme ebenso, der Rücken liegt am Boden, das Gesicht ist entspannt, der Mund leicht geöffnet, der Po locker...

Bewegte Themen

Wäre ich ein…

Von einem, der auszog...

Den eigenen Weg suchen

Das Märchen von einem, der auszog...: Das Märchen »Von einem, der auszog, das Fürchten zu lernen« ist der Ausgangspunkt des folgenden Beispiels, wie man sich mit älteren Kindern themenbezogen bewegen kann.

Worum geht es? Hans, von seinem Vater als Nichtsnutz bezeichnet, kümmert sich im Gegensatz zu seinem älteren, fleißigen Bruder wenig um die Erwartungen der Erwachsenen und um die von ihnen gesetzten Normen, die ihm eigentlich Furcht einflößen sollten. Er sucht seinen eigenen Lebensweg. Auf Drängen seines Vaters zieht er von zuhause aus und will draußen in der Welt das Fürchten lernen. Auf diesem Weg, *seinem* Weg zum Erwachsenwerden, stößt er auf verschiedene, bedrohliche Hindernisse, mit denen er sich erfolgreich und ohne Furcht auseinandersetzt. Dabei gewinnt er mehr und mehr an Lebenserfahrung, reift zum Mann, indem er das Fürchten lernt und erhält schließlich die Königstochter zur Frau.*

Kinder und Jugendliche auf ihrem Weg zum Erwachsenwerden: In diesem Märchen sind auf anschauliche Weise zentrale Themen und Probleme von Kindern verarbeitet, die sich am Beginn der Pubertät befinden. Sie suchen nach einem Zugang zu ihrem sich verändernden Körper und bewegen sich dabei zwischen Neugier, Ablehnung, Ignoranz und Furcht. Manche von ihnen werden sich in dieser Zeit ihres Körpers und seiner Wirkungsweise erst richtig bewußt. Sie vergleichen sich verstärkt mit Altersgenossen des gleichen Geschlechts, Beziehungen zum anderen Geschlecht werden als aufregend und zugleich verunsichernd erlebt. Neue Gefühle werden wach, aber oft noch nicht verstanden. Wer bin ich im Vergleich zu anderen? Wie will ich/muß ich aussehen? Wie will ich sein? Wie wehre ich mich gegen die Erwartungen und Einstellungen der Erwachsenen? Das sind Fragen, die nicht nur die körperliche, sondern auch die geistige, seelische und soziale Entwicklung in diesem Alter begleiten. Auch neue soziale Bezüge werden wichtig.

Sie beginnen, sich vom bisherigen primären Bezugsrahmen (Familie, Schule...) zu lösen und probieren sich in anderen gesellschaftlichen Bereichen

* Detaillierte und interessante Deutungen dieses Märchens sind nachzulesen bei: Mallett, Karl-Heinz, Kennen Sie Kinder? – Wie Kinder denken, handeln und fühlen, aufgezeigt an vier Grimmschen Märchen, Hamburg 1980.

(Straße, Clique, Kneipe, Disco) aus. Sie ahmen nach, suchen Orientierungspunkte und doch zugleich ihren eigenen Weg. Dabei stoßen sie immer wieder an ihre Grenzen und an Widersprüche zu ihrer bisherigen Erziehung. Dies sind Hindernisse, die sie zu überwinden versuchen, um mit der neuen Umwelt zurechtzukommen. Zugleich sind das aber auch Herausforderungen, durch die sie ihre geistigen, seelischen, körperlichen und sozialen Fähigkeiten weiterentwikkeln. Blockierungen in der Entwicklung treten dann auf, wenn das Kind/der Jugendliche unter dem Einfluß seiner bisherigen Erfahrungen die Auseinandersetzung mit neuen, veränderten Bedingungen verweigert und seine Schwierigkeiten mit vielerlei Ausweichmanövern kompensiert, z. B. mit dem weitverbreiteten »Cool-Sein«. Scheinbar lässig wird damit oft versucht, das Hindernis der Minderwertigkeitsgefühle und der Scham zu überwinden.

Aufbau der Spieleinheit: Die Suche nach dem eigenen Weg und die Hindernisse, die sich den Kindern/Jugendlichen dabei in den Weg stellen, sind die zentralen Themen der folgenden Spieleinheit, die sich aus fünf Bausteinen zusammensetzt. Das Märchen bietet die Möglichkeit, diese Themen in der Gruppe erst einmal lebendig werden zu lassen. Die Handlung im Märchen wird jedoch im weiteren Verlauf verlassen, und die Kinder/Jugendlichen werden angeregt, im Spiel und in der Bewegung eigene Wege auszuprobieren. In ihrer Phantasie lassen sie dann ein Hindernis entstehen, das sie schließlich in einem sich bewegenden Bild darstellen.

Die Lust am Bewegen wecken: Wenn man sich mit Kindern/Jugendlichen in diesem Alter bewegen will, ist es besonders wichtig, immer wieder neu die Lust am Spielen und Bewegen zu wecken. Die Unsicherheit, sich in den eigenen Bewegungen zu erleben und anderen zu zeigen, steht ihrer Spiellust oft entgegen. Die einzelnen Bausteine beginnen daher jeweils mit Bewegungsspielen, die den Bewegungsbedürfnissen dieser Altersgruppe entsprechen. Außerdem enthalten sie Übungen zur Bewegungskoordination mit anderen und vermitteln Bewegungs- und Ausdrucksmöglichkeiten, die am Schluß bei der Gestaltung der Phantasie-Hindernisse verwendet werden können. Jeder Baustein kann als ein in sich geschlossener Spielabschnitt betrachtet werden.

Erster Baustein: Märchenstunde

Jeder sucht sich einen bequemen Platz im Raum. Kissen, Decken, Matten usw. sollten dafür zur Verfügung stehen. Der Raum kann abgedunkelt werden. Ruhige Musik unterstützt das Umschalten von der realen auf die Märchenwelt. Die Spielleiterin liest das Märchen »Von einem, der auszog ...« vor. Zunächst sollten die Kinder/Jugendlichen die Möglichkeit haben, im anschließenden Gespräch assoziative Gedanken und Gefühle zu äußern, Fragen zu stellen oder zu überlegen: »Was hätte ich an Hans' Stelle getan?« und Verbindungen vom Märchen zu ihrer eigenen Lebensrealität herzustellen. Die Spielleiterin kann ihnen durch Fragen und Erklärungen dabei behilflich sein.

Zweiter Baustein: Figuren aus dem Märchen werden lebendig

Aufwärmen, Kontakt, Raumerfahrung

Zu zweit auf zwei Beinen: Geht, wenn die Musik anfängt, im Raum spazieren und betrachtet, was es da alles zu sehen gibt. Geht schneller, sucht euch eigene Wege, versucht, andere nicht anzustoßen. Erstarrt, wenn die Musik aufhört, wie zu einer Schaufensterpuppe. Dieses Erstarren in der Bewegung fällt vor allem jüngeren Kindern schwer, ist jedoch eine gute Gleichgewichts- und Konzentrationsübung und soll später als Gestaltungsmittel verwendet werden. Probiert das gleiche im Rückwärtsgehen. Geht zu zweit zusammen, und denkt euch verschiedene Möglichkeiten aus, wie ihr euch fortbewegen könnt.

Versucht jetzt einmal, wie ihr euch zu zweit auf nur zwei Beinen bewegen könnt. Tut euch mit einem anderen Paar zusammen. Geht es auch zu viert auf nur vier Beinen?

Austoben, Rhythmusgefühl

Rhythmus in den Füßen: Die Spielleiterin gibt der Gruppe einen Rhythmus (z. B. 1, 2, 3, 4 oder 1, 2, 3, + 4). Versucht, euch in diesem Rhythmus mit euren Füßen vorwärts zu bewegen. Klatscht ihn mit den Händen. Nehmt ihn wieder in die Füße und versucht damit auch rückwärts und seitwärts zu gehen. Die Hälfte der Gruppe klatscht den Rhythmus mit den Händen oder stampft ihn mit den Füßen, die andere Hälfte improvisiert dazu mit den Füßen. Dann wird gewechselt. Laßt den Rhythmus in euren Händen und Füßen immer leiser werden, aber laßt ihn euch nicht entwischen. Geht in kleine Gruppen (4–6) zusammen. Laßt den Rhythmus noch kleiner werden, bis ihr ihn nur noch im großen Zeh habt.

Stimme lebendig machen, Kooperation in der Gruppe

Geisterchor: Die Gruppen bleiben zusammen. Erinnert euch an die verschiedenen Gestalten im Märchen, die Hans auf seinem Weg in Furcht versetzen wollten. Wählt euch in eurer Gruppe eine aus, in die ihr euch dann verwandeln wollt. Die Spielleiterin gibt ihnen »klingende«, rhythmische Namen: Die schwarzen Katzen mit den langen Krallen werden zu den »Katamauas«, die Riesen (im Märchen ist es nur einer) sind die »Wuluponkas«, die Gruppe, die sich für das Gespenst im Kirchturm entscheidet, wird zu den »Hitchikitchis« und die Männer, die sich aus Totengebeinen zusammensetzen und mit Hans kegeln wollen, nennen sich »Kellewelles«. Probiert einmal, euch in eurer Gruppe nur mit diesem einen Wort zu verständigen. Sprecht, singt, brüllt oder flüstert jetzt euren Namen gemeinsam im Chor. Das kann ähnlich klingen wie bei Anhängern einer Fußballmannschaft, die »Ein-tracht, Ein-tracht, ei-ei-ei-ei!« rufen und damit sich und ihre Mannschaft stärken wollen. Findet dann eine Bewegung, die zu eurem Namen paßt, und bewegt euch damit im Raum. Versucht, die anderen von eurem Namen und eurer Bewegung zu überzeugen. Mal sehen, welche Gruselgruppe am überzeugendsten klingt. Die Spielleiterin bricht auf dem Höhepunkt ab.

Variationen: Die einzelnen Gruppen stellen ihren Namen und ihre Bewegung vor, die anderen ahmen sie als Chor nach.

Der standhafte Hans: Die Kinder/Jugendlichen stehen sich in zwei Reihen gegenüber. Sie bilden ein Hindernis besonderer Art – eine Lachgasse. Versucht, jeden, der durchgeht, zum Lachen zu bringen, indem ihr Fratzen schneidet, seltsame Töne von euch gebt oder was euch sonst noch einfällt. Kitzeln ist nicht erlaubt! Wem gelingt es, als standhafter Hans durch die Lachgasse hindurchzuschreiten, ohne eine Miene zu verziehen, und dabei den Lachgeistern in die Augen zu sehen? Die Lachgasse kann auch in eine Kitzel-, eine Grusel-, eine Schweige-, eine Heulgasse usw. verwandelt werden. Probiert aus, wie es ist, da hindurchzugehen. – Bildet zwei Gruppen und denkt euch weitere Hindernisse aus, die einer oder mehrere der anderen Gruppe versuchen sollen zu überwinden.

Dritter Baustein: Sich verwandeln

Dieser Baustein hat keinen Bezug zum Thema. Er enthält Spiele zum Entwickeln körperlicher Ausdrucksfähigkeit, zur Koordination der eigenen Bewegungen mit anderen im gemeinsamen Spiel und zur Bewegungsgestaltung. Diese Bewegungserfahrungen werden der Gruppe später die Gestaltung ihres Phantasie-Hindernisses erleichtern.

Luftballonspiel: Gemeinsam werden die Luftballons aufgeblasen und dann in die Luft geschickt. Kein Luftballon soll den Boden berühren. Schafft ihr es, jeden Luftballon mindestens einmal zu berühren? Jeweils zwei gehen zusammen, legen einen Luftballon beiseite, nehmen den anderen zwischen die Hüften und bewegen sich nach rhythmischer Musik. Nehmt den Luftballon zwischen eure Stirn, eure Pos, eure Schultern. Variationen zum Kennenlernen der Namen: Jeder schreibt zu Beginn seinen Namen auf einen Luftballon. Zum Schluß nimmt sich jeder auf ein Zeichen schnell einen Luftballon und macht sich auf die Suche nach der Person, zu der er gehört (siehe Kapitel »Ein schöner Rücken«).

Schweben wie ein Luftballon: Probiert aus, wie sich der Luftballon bewegt, wenn ihr ihn zart antippt. Betrachtet euch genau, wie er schwebt und wie er auf euer Antippen reagiert. Legt die Luftballons beiseite, und sucht euch einen Partner. Ich werde jetzt einen von euch beiden mit meiner Zauberhand berühren. Wenn ihr die Berührung spürt, schließt die Augen, und verwandelt euch in einen Luftballon. Euer Gegenüber wird euch gleich ebenso zart wie vorher den Luftballon an irgendeiner Stelle eures Körpers antippen und euch so in Bewegung bringen.

Vierter Baustein: »Ich ziehe aus und gehe meinen Weg«

Hans verläßt sein Zuhause: In diesem Baustein wird die Handlung des Märchens verlassen und die zentrale Thematik »Ich ziehe aus und gehe meinen Weg« herausgegriffen.

Sucht euch einen Platz im Raum, an dem ihr es im Moment am allerschönsten findet. Das ist euer Zuhause. Kennzeichnet diesen Ort als euer Zuhause, macht es euch gemütlich. Dazu sollte die Spielleiterin möglichst viele Materialien bereitstellen: bunte Tücher, Decken, Kissen, Kisten, Seile, Reifen, bunte Bänder, Wolle, Stühle, Bausteine usw. Ihr könnt euch auch zu zweit an einem Ort niederlassen. Wenn jeder sein Zuhause gekennzeichnet und einigen Nachbarn einen kurzen Besuch abgestattet hat, geht das Spiel weiter: Sobald die Musik beginnt, bewegt euch von eurem Zuhause weg. Sucht euch euren Weg. Achtet auf die Zuhause-Plätze der anderen. (Musiktip: Gerade aktuelle Lieblingshits der Kinder/Jugendlichen animieren zum Fortbewegen.) Wird die Musik unterbrochen, kehren alle so schnell wie möglich zu ihrem Zuhause zurück. Wenn die Musik wieder einsetzt, probiert einen anderen Weg und eine andere Art aus, euch fortzubewegen: hüpfen, schleichen, krabbeln, stampfen, fliegen, oder stellt euch vor, ihr tragt einen schweren Rucksack...

Ich folge dir auf Schritt und Tritt: Oft geht man seinen Weg nicht gern allein. Sucht euch beim nächsten Musik-Stopp jemanden, dem ihr hinterher geht wie ein Schatten. Macht seine Fortbewegungsart genau nach. Wenn die Musik aufhört, sucht euch einen anderen. Diesmal faßt der hintere auf die Schultern des vorderen und schließt die Augen. Der vordere denkt sich eine Gangart aus und versucht, sie so deutlich zu machen, daß der hintere sie blind erspüren und mitmachen kann. Meist gelingt dieses Zusammenspiel erst nach einer Weile des Ausprobierens. Bewegungsweise und -rhythmus müssen dabei von dem einen präzisiert und von dem anderen erfaßt und auf den eigenen Körper übertragen werden. Ergebnis kann die harmonische und koordinierte Bewegung zu zweit sein. Es wird gewechselt. Der hintere kommt nach vorn.

Die Spielleiterin erklärt: Ich möchte jetzt mit euch auf eine Traumreise gehen. Aber zuerst möchte ich euch ein wenig aufs Träumen vorbereiten.

Im Sand liegen: (siehe Kapitel »Entspannung«)

Die Traumreise: Kuschelt euch in den warmen Sand hinein und legt euch so hin, wie es euch am bequemsten ist. Schließt die Augen.

(Die Striche (/) kennzeichnen Sprechpausen, in denen den Kindern und Jugendlichen Zeit gegeben wird, ihre Vorstellungen und Bilder zu phantasieren.)

Stell dir vor, du fällst in einen tiefen Schlaf./

Sieben Tage und sieben Nächte hast du geschlafen. Am achten Tag wachst du auf und siehst, daß du auf einen fremden Stern gezaubert worden bist./

Was ist das für ein Stern? Wie sieht es dort aus? Du machst dich auf den Weg, diesen Stern zu erkunden./

Betrachte dir die Umgebung links und rechts von deinem Weg. Wie sieht sie aus?/Hörst du Geräusche?/

Wie bewegst du dich auf dem fremden Stern?/

Plötzlich stellt sich dir ein Hindernis in den Weg./

Wie sieht es aus?/Welche Farbe hat es?/Welche Form hat es? Ist es groß oder

...ein riesiger
Elefant wollte
auf mich
losgehen...

klein, breit oder schmal, hart oder weich?/

Macht es ein Geräusch oder gar Töne?/

Bewegt sich das Hindernis?/

Was macht das Hindernis mit dir?/

Wie ist dir zumute?/Wie versuchst du, das Hindernis zu überwinden? Was machst du?/

Und wieder fällst du in einen tiefen Schlaf. Im warmen Sand wachst du auf, räkelst und streckst dich und öffnest langsam deine Augen.

Sind alle »aufgewacht«, verteilt die Spielleiterin große Blätter zum Zeichnen und legt bunte Tafelkreide in die Mitte. Versucht einmal, eure Begegnung mit dem Hindernis auf dem frenden Stern aufzumalen. Es soll kein Kunstwerk, sondern ein wirkliches Traumbild werden.

In jedem Fall sollte mit den Kindern/Jugendlichen in kleinen Gruppen über ihre geträumten Erlebnisse und deren Darstellung im gemalten Bild gesprochen werden. Sie haben so die Möglichkeit, die »Traumerlebnisse« anderer kennenzulernen und die eigenen auch in der sprachlichen Darstellung loszuwerden. Sie sollen aber auch für sich behalten können, was ihr »Traumgeheimnis« bleiben soll.

Welches Hindernis für einen Heranwachsenden in seinem »Traum« bedeutsam ist und welche Form der Überwindung er sich sucht, ist erst im Zusammenhang mit seiner besonderen Lebenssituation und seinem Wesen wirklich zu verstehen. Was er »träumen« und aufmalen wird, ist ein Phantasiebild, in dem ein Stück der eigenen persönlichen Realität einen symbolischen Ausdruck findet. Die Traumbilder können *ein* möglicher Anlaß sein, später mit einem einzelnen Kind/Jugendlichen das Gespräch zu suchen, ihm seine Schwierigkeiten im Umgang mit bestimmten Lebenssituationen verständlich zu machen und ihn im Spiel und in der Bewegung zu ermutigen, neue Wege zur Überwindung dieses Hindernisses auszuprobieren.

Fünfter Baustein: Die eigenen Traumbilder gestalten

Bevor die Kinder/Jugendlichen ihre geträumten Hindernisse gestalten und in »Bewegung bringen«, soll ihnen die Möglichkeit gegeben werden, sich im spielerischen Umgang mit einem Hindernis auszuprobieren, und sich dabei auszutoben.

Der leichtfüßige Rucksack: Zwei Kinder, etwa gleich groß und schwer, gehen zusammen. Einer umfaßt den anderen von hinten unter den Achseln. Er ist der Rucksack. Der andere versucht nun, sich durch trippelndes Hin- und Herbewegen von diesem Rucksack zu befreien. Die Arme dürfen zum Befreien nicht benutzt werden. Je geschmeidiger und leichtfüßiger der »Rucksack« die Bewegungen seines »Trägers« mitmacht, um so schwerer wird er abzuschütteln sein. Der Träger ist befreit, wenn der Rucksack seine Hände lösen mußte.

Ziel der zwei folgenden Spiele ist es, Feingefühl im Umgang mit dem anderen und gegenseitiges Vertrauen im gemeinsamen Bewegen zu entwickeln. Beides sind wichtige Voraussetzungen, um schließlich mit anderen das eigene »Traumbild« zu gestalten.

Rücken spüren: Stellt euch zu zweit Rücken an Rücken. Eure Füße stehen schulterbreit, tragen euer Gewicht, und doch lehnt ihr euch aneinander an. Spürt, wie sich der andere Rücken, der Po, die Schultern anfühlen. Stellt euch vor, ihr seid *ein* Baum, der sich im Wind hin- und herwiegt. Löst euch langsam, ganz langsam vom Rücken des anderen, bis ihr nur noch an einer Schulter, dann nur noch am Ellenbogen und schließlich nur noch an einem Finger Kontakt miteinander habt.

Führen und folgen: Einer von euch öffnet die Augen, der andere behält sie geschlossen. Bewegt ihn behutsam – zu ruhiger Musik – durch den Raum. Haltet den zarten Kontakt eurer beiden Finger. Führt den anderen mal nach unten zum Boden, mal nach oben, mal schnell, mal langsam, laßt ihn sich drehen oder sich seitwärts bewegen, vor allem laßt ihm Zeit, euren Impulsen zu folgen. Führt ihn behutsam um die Hindernisse im Raum, um die anderen »Blinden« herum. Spürt, ob sich der andere eurer Führung mehr und mehr anvertraut. Nach einer Weile wird gewechselt.

Hindernisse bauen: Die Paare bleiben zusammen. Einer von euch ist der Bildhauer, der andere das Material. Es ist biegsam, aber man muß es sehr zart behandeln. Es hat die besondere Eigenschaft, daß es die Form, in die man es hineinstreicht, hält. Der Bildhauer formt vorsichtig ein Körperteil nach dem anderen. Doch bevor ihr Bildhauer mit eurer Arbeit beginnt, holt eure Traumbilder. Sie sind eure Vorlagen. Zeigt sie eurem Gegenüber und weiht ihn in eure Traumerlebnisse ein, um so besser wird er oder sie sich als Material gestalten lassen. Beginnt dann, aus eurem »Material« das Hindernis zu bauen, das euch im Traum in den Weg gestellt hat. Ist euer »Kunstwerk« fertig, dann stellt euch ihm gegenüber in der gleichen Haltung auf. Macht ihm langsam vor, wie es sich bewegen soll. Zeigt ihm auch, welche Töne es macht.

Dann bleiben die »Hindernisse« wie eingefroren auf der Spielfläche stehen, die Bildhauer gehen herum und betrachten sie wie im Wachsfigurenkabinett.

Jeder Bildhauer kann durch Berühren sein Hindernis in Bewegung bringen. Zeigt euch dieses kleine Wunder gegenseitig und probiert, wie ihr das Hindernis überwinden könnt: allein, zu zweit, indem ihr euch in ein winzig kleines Wesen oder in einen Riesen verwandelt; vielleicht verschwindet das Hindernis, wenn ihr die Augen schließt oder es aufeßt? Erinnert euch daran, wie ihr es auf eurer Traumreise gemacht habt. Zum Hindernisbauen können Tücher in vielen Farben, Kreppapier, bunte Luftschlangen, Wolle, Kleidungsstücke, Stöcke, Gras usw. verwendet werden. Die Hindernisse können auf Tischen stehen oder hinter der Tür versteckt sein.

Sich bewegende Bilder: Beim nächsten Mal sollen eure Hindernisse noch größer und eindrucksvoller werden. Geht dazu in kleine Gruppen. Die Bildhauer, die gerade Material waren, haben jetzt die Möglichkeit, mit mehreren ihr Hindernis zu gestalten. Sie sind zugleich die Regisseure, die bestimmen dürfen, wie ihr Hindernis später auf der Spielfläche auftreten soll, wann und wie es sich bewegen soll, welche Töne bzw. Geräusche es macht usw. Die anderen beraten ihn und stellen ihm ihre Ideen vor. Voraussetzung ist auch hier, daß der Regisseur der Darstellergruppe vorher sein Traumerlebnis erzählt und dazu sein Bild zeigt.

Vorführung: Die Gruppen zeigen sich ihre Gestaltungen. Die Konzentration auf diese kleinen Vorführungen kann verstärkt werden durch Theatereffekte wie Verdunkeln des Raumes, Beleuchtung der Spielfläche (z. B. mit Schreibtischlampen, ein großes Tuch, das von zwei Zuschauern als Vorhang gehalten wird,

usw.). Ob sich einige der Zuschauer wagen, das dargestellte Hindernis zu überwinden?

Gespräch: Was zu sehen war und gespielt wurde, hat sicher alle Beteiligten »bewegt«. Im anschließenden Gespräch können sie sich erzählen, wie es ihnen beim Spielen der Phantasie-Hindernisse, beim Überwinden, beim Zuschauen und beim Gestalten der eigenen Bilder in den Rollen des Regisseurs und der Darsteller ergangen ist.

...und ich schwebte
über das graue, kalte Hochhaus,
das mitten auf meinem Weg stand

Verwandlungen

Stadtgespenster

Roboter und Gespenster wecken bei Kindern Phantasien und regen zu Spiel und Bewegung an. Die Bewegungsmotive weich/rund und hart/eckig verstecken sich hinter diesen beiden Figuren. Die Kinder finden Geister- und Roboterbewegungen. Jedes Kind entwickelt in der Gruppe »seinen« Roboter bzw. sein Gespenst. Dann entscheidet es sich, ob es Roboter (Stadtgespenst) oder Waldgespenst sein möchte und findet einen Namen, z. B. »Tohamku« oder »Misibasa«. Mit Hilfe von Materialien entstehen die Kostüme. Aus Kartons entstehen Kopf und Rumpf der Roboter. Die Geister fertigen sich Masken aus Gipsbinden an und hängen sich Stoffe als Gewände um. Der Gruppenraum braucht für unser Spiel Atmosphäre. Plakate und Bilder helfen bei der Gestaltung des Gruppenraums mit. Auch die Musik kann selbst »produziert« werden. Auf Tonband werden Geräusche und Klänge für die Geister und die Roboter aufgenommen. Als Instrumente dienen Blechdosen, Schellen, Klangstäbe, ein klapperndes Schlüsselbund, knisterndes Papier etc. Zusätzlich kann andere Musik eingeblendet werden, z. B. für die Waldatmosphäre A. Vollenweider »Behind the Garden«. Jetzt brauchen wir noch eine Geschichte. Sie können unser Beispiel verwenden oder mit den Kindern eine neue Geschichte erfinden. Jede der folgenden Spielszenen sollte mit verschiedenen Spielen vorbereitet werden.

Vorspiel

Wachsen: Langsames Aufstehen vom Boden ist für Kinder schwierig. Meist sind sie ungeduldig und bewegen sich sehr schnell vom Boden weg. Spielen Sie das Wachstum häufiger, und benutzen Sie Signale, z. B. einen Glockenschlag, und die Pflanze darf ein wenig nach oben wachsen – erst beim nächsten Schlag kann sie weiterwachsen.

1. Szene

Der Urwald wächst: In einer Stadt im Jahre 2000 wächst zwischen Hochhäusern, Parkhäusern, U-Bahn-Stationen und alten Kirchen heimlich über Nacht ein Urwald. Überall wachsen Pflanzen und Bäume in die Höhe. Die Pflanzen und Bäume sind die Kinder. Hände werden zu Zweigen, die sich langsam zum Himmel strecken. Äste wachsen weit über den Kopf, und die Wurzeln graben sich tief in die Erde. Euer Körper ist der kräftige Baumstamm.

...und flüstert und knistert: Im Urwald gibt es viele Geräusche. Hier flüstert es, dort knistert es, dahinten piepst ein Vogel.

Die Kinder probieren Geräusche aus. Plötzlich fangen die Bäume an zu knarren, zu wispern, zu rascheln und zu ächzen. Im Urwald wird es unheimlich.

Zwischenspiele

Verwandlungsspiele fördern das Ausdrucks- und Vorstellungsvermögen der Kinder. Blitzschnell oder im Zeitlupentempo können Verwandlungen versucht werden. Für das Finden von Geisterbewegungen einige Spielanregungen:

Abwandlung des Spiels »Blinde Kuh«
Die Geister huschen: Ein Kind hat die Augen verbunden und ist Schlafwandler. Die anderen Kinder sind die Geister und huschen um den Schlafwandler ganz nah herum. Sie dürfen jedoch nicht berührt werden, sonst werden sie selbst Schlafwandler. Zum Schluß bleibt ein Geist übrig, der durch alle Schlafwandler huscht, bis er schließlich auch berührt wird.

Über den See schweben: Ein ca. 40 qm großes Tuch wird ausgelegt. Einige Kinder versuchen, mit dem Tuch Wellenbewegungen am Boden zu erzeugen. Die anderen Kinder »schweben« als Geister im Zeitlupentempo über den See.

Roboter im Takt: Im Spiel mit Gegenständen wie Stöcke, Kartons etc. lassen sich abgehackte Bewegungen für die Roboter finden. Jede Bewegung wird mit einem Klang begleitet, und so entsteht der »Takt« für die Bewegungen der Roboter.

2. Szene

Geisterstunde: Ein dumpfer Gong ertönt. Langsam verwandeln sich die Pflanzen und Bäume. Sie lösen ihre Form auf und werden zu seltsamen Waldgeistern. Sie huschen umeinander, schweben von einem Ort zum anderen, verstecken sich und flüstern sich ihre Geisternamen zu (z. B. Tohamku, Misibara etc.). Musik ertönt, und alle Geister beginnen im Kreis den Geistertanz im Urwald (Musik: A. Vollenweider, »Behind the garden«.)

3. Szene

Die Roboter: Sobald die Musik abbricht, erstarren die Geister. Auf einen leisen Pfiff hin rennen sie alle in eine Ecke und drängen sich aneinander. Seltsame Geräusche erklingen. (Die Robotergeräusche werden vom Band eingespielt.)

Ein Kind nach dem anderen wird von den Klängen in einen Roboter verwandelt. Die Geisterkostüme werden mit den Roboterkostümen vertauscht. Überall im Wald bewegen sich die Roboter und jeder sieht anders aus. Der eine Roboter klappt seine Arme hoch und runter, der nächste dreht den Kopf, wieder ein anderer stapft mit abgehackten Schritten hin und her. Es sieht aus wie in einer großen Maschine. Die Roboter sagen sich ihre Namen, wenn sie sich begegnen.

Zwischenspiele

Die Lachmaschine: Die Kinder bekommen die Aufgabe, eine Maschine zu bauen. Auf einem Zettel steht für die einzelnen Gruppen die genaue Aufgabe, z. B. eine Lachmaschine, eine Heulmaschine oder eine Pfeifmaschine zu bauen.

Roboter und Gummimensch: Die Kinder teilen sich in zwei Gruppen auf. Die eine Gruppe besteht aus Robotern, die andere aus Gummimenschen. Jeder Gummimensch sucht sich einen Roboter und beginnt einen Tanz. Auf ein Zeichen hin wechseln die Rollen.

4. Szene

Der Spuk ist zu Ende: Ein Gong kündigt das Ende der Geisterstunde an. Die Roboter verschwinden. Zu leiser Musik »weichen sie auf« und sinken langsam zu Boden. Am Morgen ist in unserer Stadt vom Geisterspuk nichts mehr zu sehen.

Rosaphant tanzt

Orchester

Vorbereitende rhythmische Übungen: Jedes Kind sucht sich ein Instrument aus. Die Kinder setzen sich in Gruppen nach der Art der Instrumente zusammen – Holz-, Metall- oder Blasinstrument und sonstigen Klangkörpern. Die Spielleiterin ist Dirigentin und vereinbart mit dem Orchester Zeichen für laut-leise, An- und Abschwellen, stopp. Das gesamte Orchester stellt zunächst seine Instrumente vor. Dann wird nach den vereinbarten Zeichen probiert. Die Spielleiterin läßt einzelne Instrumentengruppen fragen und eine andere Instrumentengruppe antworten. Oder sie gibt einen einfachen Rhythmus vor, der von allen oder auch im Hin und Her von einzelnen Gruppen gespielt werden kann. Nun versucht das Orchester, nach einem Thema Stimmungsbilder zu erstellen. Wie hört sich die Farbe blau an? Oder wie hört sich der Herbst an? Für die folgende Gestaltung findet das Orchester ein Klangbild für »Wasser«, für »Erde« und »Luft«.

Ich bin ein »Rosaphant«

Phantasiereise: Jedes Kind sucht sich einen bequemen Platz und schließt die Augen. Die Spielleiterin verzaubert alle in eine Landschaft hinein, in der jeder am liebsten sein möchte, und fragt:

Welches Tier triffst du dort an?
Wie sieht es aus?
Wie bewegt es sich? (schwerfällig, leicht, langsam, schnell)
Bewegt es sich in der Luft, im Wasser oder auf der Erde?
Welches Geräusch fällt dir ein? (hell, dunkel, hoch, tief)
Welches Instrument fällt dir ein?
Welche Farbe?

Öffnet wieder eure Augen, und malt in Linien, Punkten oder Kurven auf, wie sich euer Tier bewegt.

z. B. eine Möwe

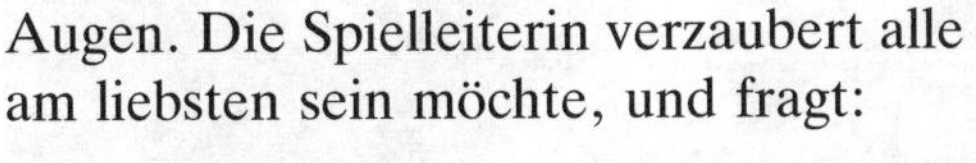

(für Fliegen) (Sturzflug) (Hacken)

Aus dem Tiernamen und der Farbe ergibt sich der Name eures Phantasietieres: z. B. *»Rosaphant«*.

Rosaphant tanzt

Spiel – eine typische Bewegung finden: Nun sucht sich jedes Kind einen Partner. Sie zeigen sich ihre Bilder, ihre Namen und die Geräusche. Das Paar wählt ein Tier und ein Bild für die Darstellung aus. Die beiden Kinder werden zu einem Tier (mit Tüchern verkleiden möglich). Jedes Tier versucht, sich nach der aufgemalten Bildvorstellung zu bewegen und sein Geräusch zu machen. Ist jedes Tierpaar in seiner Bewegung sicher, kann es schwieriger werden. Alle Wassertierpaare stellen sich in den Kreis. Die anderen setzen sich mit ihren gewünschten Instrumenten (soweit möglich!) in einen Kreis und stellen ein Klangbild »Wasser« dar. Dazu bewegen sich die Wassertiere. Die Instrumente halten sich dabei im Geräuschpegel und Impuls im Hintergrund und unterstützen die sich bewegenden Tiere. Ein Instrument kann auch besonders ein Wassertierpaar in seinen Bewegungen verfolgen und klanglich unterstützen. Ebenso bewegen sich die Luft- und Erdtiere zu den instrumentalen Stimmungsbildern.

Blaufisch kämpft mit Möwenweiß

Ein Wassertier und ein Lufttier stellen sich in den Kreis. Die Instrumente werden nach Luft- und Wassertier aufgeteilt. Nun bewegt sich der Blaufisch. Er schwimmt im Wasser, hüpft manchmal vor Freude, taucht ganz tief... jedoch, o Schreck, Möwenweiß erblickt Blaufisch auf ihren eleganten Segelflügen und stürzt im Sturzflug auf Blaufisch und versucht, auf ihn einzuhacken. Doch Blaufisch ist noch einmal davongekommen. Er ist schneller, aber Mövenweiß ist auf den Geschmack gekommen und ist hinter ihm her... wie die Geschichte wohl ausgeht?

Ich hab' so eine Wut im Bauch

In der pädagogischen Arbeit wird die Erzieherin neben ihrem eigenen Erleben von Wut täglich mit vielen Wutausbrüchen in ihrer Kindergruppe konfrontiert. Allein mit 25 Kindern in der Gruppe – das läßt die besten Vorsätze zu einer gemeinsamen produktiven Konfliktlösung mit den Kindern dahinschmelzen wie Butter in der Sonne. Daraus ergibt sich häufig ein Gefühl von Unzulänglichkeit und Hilflosigkeit. Oft fehlen Raum und Zeit für notwendige Auseinandersetzungen.

Was nun? Resignation? Ein Griff in die pädagogische Trickkiste? Die Situation sehen und verstehen und bei Gelegenheit etwas Gemeinsames anfangen?...

Hier wird ein Weg gezeigt, den Konflikt gestalterisch zum Thema zu machen.

Kofferpacken: Fünf oder sechs Kinder stellen sich in einen Kreis. Einer beginnt eine Geste und ein Geräusch für »Ich hab so eine Wut im Bauch!« zu finden. Z. B. mit dem Fuß aufstampfen und die Fäuste ballen. Der rechte Nachbar ahmt die Bewegung mit dem Geräusch nach und erfindet selbst eine Geste mit Geräusch. Der dritte übernimmt die Gesten der Vorgänger und fügt seine hinzu. Nun versuchen alle, möglichst die Reihenfolge beibehaltend, die Gesten mit den

Geräuschen zu wiederholen, bis alle sicher sind. Nun können die Kinder/Jugendlichen mit dieser »Gestenfolge« frei spielen. Die Gesten können mal ganz groß, mal ganz eng oder flüchtig probiert werden. Daran kann sich ein Spiel anschließen: Der erste beginnt, ganz leise seine Wut zu zeigen – der zweite steigert die Wut – bis hin zum letzten, der in einen Wutanfall ausbricht.

Seinen Weg finden: Alle Kinder gehen frei im Raum (siehe Kapitel »Raum«). Jeder geht seinen Weg. Jeder sucht einen Weg, den er immer wiederholt. Das kann eine Linie sein, ein Quadrat, eine Diagonale oder ein Dreieck. Der Weg hat einen Anfang und ein Ende. Der Weg ist manchmal unterbrochen.

Anhalten! Auf dem Weg geht ihr mal müde, mal ganz eilig etc. Auf dem Weg haltet ihr inne: Was würdest du jemandem sagen, der einen Wutanfall hat? Zum Beispiel »Laß mich in Ruh!« oder »Stell dich nicht so an!« Jeder merkt sich diese Aussage.

Spiel und Gestaltung: Diese drei Teile werden nun in eine Szene gefaßt. Vier oder fünf Kinder gehen ihren Weg. Auf dem Weg kann jedes Kind anhalten und das Spiel mit den Gesten beginnen. Die Wege haben auch ihre Schnittpunkte. Trifft ein Kind ein anderes an solch einem Schnittpunkt mit dem Spiel der Gesten an, sagt es seinen Satz zum Wutanfall des anderen. An den Schnittpunkten findet also in diesem Spiel immer eine Szene statt. Die Zuschauer werden erst nach einiger Zeit das ganze Geschehen im einzelnen erfaßt haben. Dabei werden absurde Gespräche sichtbar, die vorher nicht planbar sind und das Spiel so spannend machen.

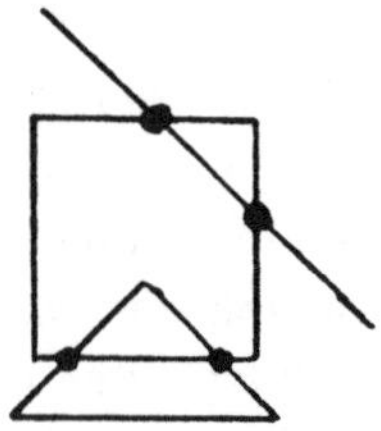

Gespräch: Zum Abschluß gibt es ein Gespräch von ZuschauerInnen und SpielerInnen.

Ein Same wird zur Blume

Ihr verwandelt euch in einen Samen, der tief im Boden steckt. Es ist ganz dunkel und kalt.

Der Same kriegt im Frühling warmes Wasser und öffnet seine Schale.

Aus der Schale wächst ein Pflänzchen und bohrt sich durch die Erde, die immer wärmer wird. Der Kopf bricht durch die Erde, und plötzlich ist es ganz ganz hell. Die Pflanze hält inne.

Die Sonne scheint auf die Pflanze, und es ist ganz viel Luft und Platz da. Sie wird größer und schaut nach rechts und nach links. Aus der Pflanze wächst eine Blume, die sich öffnet, die Blätter breiten sich aus, wiegen sich in der Sonne und drehen sich. Es wird plötzlich ganz kalt. Die Blume wird starr, die Blätter hängen nach unten, die Blüte läßt ihren Kopf hängen, die Pflanze wird trocken, knickt nach unten ab und breitet sich auf den Boden aus.

... Bewegung ist,
sich auch mal auf den Kopf stellen –
so eröffnen sich neue Sichtweisen.

Literaturhinweise

Zum Lesen und Nachschlagen

Ayres, Jean; Bausteine der kindlichen Entwicklung, Berlin 1984
Bettelheim, Bruno; Liebe allein genügt nicht, Stuttgart 1970
Brooks, Charles V. W.; Erleben durch die Sinne, München 1991
Eggert, D./Kiphardt, J.; Die Bedeutung der Motorik für die Entwicklung normaler und behinderter Kinder, Frankfurt 1971
Faller, Adolf; Der Körper des Menschen, Stuttgart 1980
Günther, Dorothee; Der Tanz als Bewegungsphänomen, Hamburg 1962
Haselbach, Barbara; Tanz und bildende Kunst, Stuttgart 1991
Jacobs, Dore; Die menschliche Bewegung, Düsseldorf 1972
Jacoby, Heinrich; Jenseits von begabt und unbegabt, Hamburg 1983
Jugend '81, Lebensentwürfe, Alltagskulturen, Zukunftsbilder, Band 1, *(Hrsg.);* Fischer, Arthur, Leverkusen 1982
Kiphardt, Ernst J.; Motopädagogik, Dortmund 1979
Laban, Rudolf von; Der moderne Ausdruckstanz, Wilhelmshaven 1981
Markosjan, Akop; Probleme der Entwicklungsphysiologie, Berlin 1978
Meinl, Kurt; Bewegungslehre, Berlin 1975
Pikler, Emmi; Friedliche Babys – zufriedene Mütter, Freiburg 1982
Pikler, Emmi; Laßt mir Zeit, München 1988
Schoop, Trudi; Komm und tanz mit mir, Zürich 1981
Stübing, Anne-Dorothea/Treeß, Uwe (Hrsg.); Sporterziehung im Vorschulalter, München 1975
Zimmer, Renate; Motorik und Bewegungsentwicklung bei Kindern im Vorschulalter, Schorndorf 1981

»TIP« Bücher:
Buschmann, Mechthild/Schitteck, Dagmar, (Landesinstitut für Schule + Weiterbildung); Menschen in Bewegung, Soester Verlagskontor. Bestell-Nr. 2368, Soest 1992.
Mahler, Madelaine; Kreativer Tanz. Zytglogge Werkbuch, Bern 1979
Mahler, Madelaine; Tanz als Ausdruck → Erfahrung. Zytglogge Werkbuch, Bern 1987
Tanz chuchi; Tanzen in Schule + Freizeit. Zytglogge Werkbuch, Bern 1981
Ausdrucksspiel aus dem Erleben. Zytglogge Werkbuch, Bern 1984
Meyerholz, Ulrike/Reichle-Ernst, Susi; Einfach Lostanzen. Zytglogge Werkbuch, Bern 1992

Anregungen für die praktische Arbeit

Barlin, Anne L.; Fliegen möcht' ich, Ravensburg 1982
Beratungsstelle für Gestaltung von Gottesdiensten und and. Gemeindeveranst. *(Hrsg.);* Versuche 4: Körperlernen, Eschersheimer Landstr. 565, 60431 Frankfurt/M.
dies.; Heft 23, Musikmachen
dies.; Versuche 6: Bewegung
Delakova, Katya; Beweglichkeit, München 1984
Delakova, Katya; Das Geheimnis der Katze, Frankfurt/M. 1991
Der Senator für Familie, Jugend und Sport, Berlin, *(Hrsg.);* Psychomotorische Spiele für Kleinstkinder in Krippen, Berlin 1982
Deutsche Sportjugend (Hrsg.); Frühkindliche Bewegungserziehung, Frankfurt 1983
Grimms Märchen in vielen verschiedenen Ausgaben
Ingham, Eunice D.; Geschichten, die die Füße erzählen können, Engelberg/Schweiz 1983
Korn, Ilse; Märchen von den klugen Frauen, Hanau 1977
Mallet, Karl-Heinz; Kennen Sie Kinder – Wie Kinder denken, handeln und fühlen, aufgezeigt an vier Grimmschen Märchen, Hamburg 1980
Somplatzki, Herbert; Körpertraining und Bewegungsgestaltung im darstellenden Spiel, Hrsg.: Landesarbeitsgemeinschaft für Spiel und Amateurtheater in Nordrhein-Westfalen, Recklinghausen 1976
Windels, Jenny; Eutonie mit Kindern, München 1984

Musik und Rhythmik

Berzheim, Nora; Kinder gestalten mit Sprache, Gestik, Musik und Tanz, Donauwörth 1978
Gaß-Tutt, Anneliese; Tanzkarussell, Boppard 1972
Glathe, Brita/Krause-Wichert, Hannelore; Rhythmik – Grundlagen und Praxis, Wolfenbüttel 1979
Schmolke, Anneliese; Rhythmik/Tanz in der Primarstufe, Wolfenbüttel 1978
Zitzelsperger, Helga; Musik in Linien und Farben, Weinheim 1976

Zum Nachdenken

Feldenkrais, Moshe; Bewußtheit durch Bewegung, Frankfurt 1968
Kükelhaus, Hugo; Organismus und Technik – Gegen die Zerstörung der menschlichen Wahrnehmung, Frankfurt 1981
Kükelhaus, Hugo/Lippe, Rudolf zur; Entfaltung der Sinne, ein ›Erfahrungsfeld‹ zur Bewegung und Besinnung, Frankfurt 1982
Lippe, Rudolf zur; Sinnesbewußtsein, Hamburg 1987
Piaget, Jean; Das moralische Urteil beim Kinde, Freiburg 1973

Musikvorschläge

entspannend – mediativ

Musiker	Titel
J. M. Jarre –	Oxygene
Jan Gabarek –	Dis
Egberto Gismonti –	Solo
Stomu Yamashta –	Wind Words
Between –	Contemplation und Nada
Georg Deuter –	Celebration und Ekstasy
Mike Oldfield –	Omnadawn und Tabular Bells
Keith Jarret –	Köln Concert

Rhythmisch – bewegt

Afrika Djolé – Kaloum
Percussion Ensemble S. Fink – Talking Drums
Dollar Brand – Afrika Tears and Laughter
Alan Parsons Projekt – A dream within a dream
Orchestral Manoevres in the dark – Sealand
Guem et Zaka Percussion – (ohne Titel)
Santana – (ohne Titel)
Doro Feidmann:
Kraftwerk – Kraftwerk
Terry Keagan – Konga Musik
Talking Heads – Speaking in tongues
Yello – You gotta say yes to another excess
Stray Cats – Rock Superstars
Giora Feidman – Jewish Soul Musik
Fidula 1213 – Tiere in Wald und Wiese
Fidula 1212 – Tierzirkus
Fidula 36913 – ...weit übers Land

Sonstige

Grips parade 2 – Wagenbach Quartplatte Nr. 18, Verlag Klaus Wagenbach, Bamberger Str. 6, 10777 Berlin
Ferri: Bonbon Joe's Mitmachkonzert (Pläne bei Patmos)
Ferri: Das müde Nilpferd (Pläne bei Patmos)
Marieluise Ritter: Dubidu im Schuh (Pläne bei Patmos)
100 Flinke Hasen (Igel-Verlag)

Rollenklischees

Christian Büttner
Marianne Dittmann (Hrsg.)

Brave Mädchen, böse Buben?

Erziehung zur Geschlechtsidentität in Kindergarten und Grundschule.
2., unveränderte Auflage 1993.
190 Seiten. Broschiert.
DM 36,– / öS 281,– / sFr 37,20
ISBN 3-407-62144-2

Angeboren oder erworben – immer noch wird heftig gestritten, was mit Erziehung in Sachen Geschlecht zu erreichen sei: Was kann man heute zur Entwicklung geschlechtsspezifischer Identität, zum Verhältnis von Jungen und Mädchen sagen, wie zeigt sich ihr Verhältnis im Kindergarten- und Grundschulalltag, wie wird es in Bilderbüchern und Spielzeug dargestellt, und was kann man tun, um Erziehern und Lehrern geschlechtsspezifische Erziehung näher zu bringen? In diesem Buch berichten Lehrerinnen und Lehrer, Erzieherinnen und Erzieher aus ihrem pädagogischen Alltag, schreiben Wissenschaftler und Journalisten über die Beziehung zwischen Jungen und Mädchen und stellen Erwachsenenbildner Fortbildungskonzepte zum Umgang mit diesen Beziehungen vor. Abgerundet wird der Band durch eine Empfehlung von Büchern für Mädchen und Jungen, die ein anderes Bild von Weiblichkeit zeigen.

BELTZ

Preisänderungen vorbehalten

Beltz Verlag · Postfach 10 01 54 · 69441 Weinheim

B_241

Spielpädagogik

Peter Thiesen

Freche Spiele

Starke Spielideen gegen Frust und Lustverlust in Schule, Jugendarbeit und Erwachsenenbildung.
1994. 194 S. 22 Abb. Br.
DM 28,– / öS 219,– / sFr 29,30
ISBN 3-407-62190-6

Jeder Mensch – gleich welchen Alters – hat das Bedürfnis nach Kommunikation, Ausdruck der eigenen Identität und schöpferischer Betätigung. Er hat mitunter auch das Verlangen, Grenzen zu überschreiten, spontan zu sein, sich Zwängen zu entziehen und nicht vom täglichen Einerlei vereinnahmen zu lassen. Freche Spiele sind eine Möglichkeit, diese Wünsche zu realisieren. »Frech« bedeutet soviel wie keck, ausgelassen, mutig, lebhaft, kühn, ausdrucksvoll, aber auch vorlaut und ungezähmt. Verhaltenswünsche, die in uns stecken, jedoch sehr oft unterdrückt werden. »Freche Spiele« fördern Wahrnehmungs- und Beobachtungsfähigkeit, Mut, Initiative, Sensibilität, Selbstbewußtsein, Schlagfertigkeit, Toleranz und Kreativität der Mitspieler. Sie können ungewöhnliche Erfahrungen machen, sich selbst entdecken, Einfühlungsvermögen für andere entwickeln und Ideen in konkrete Handlungen umsetzen. Neben spielpädagogischen Hinweisen bietet das Buch über 200 originelle, vorwiegend neue Spielideen von »nachdenklich« bis »albern«, von »emotional und lustvoll« bis »kreativ«, von »scharfsinnig« bis »wild«. Darüber hinaus enthält das Buch über 130 Impulse für freche Feten und Aktionen – ein praktischer Beitrag zur Erlebnispädagogik.

BELTZ

Preisänderungen vorbehalten

Beltz Verlag · Postfach 10 01 54 · 69441 Weinheim

B_242

Fortbildungs- und Beratungsmöglichkeiten:

für Bewegung, Spiel, Tanz, Theater mit Kindern und Erwachsenen

- Therapeutische Praxis c/o Dorothea Zachert, Oederweg 7, 60318 Frankfurt/M.
- discorso – alltag – stadt – Kultur e. V., Appelsgasse 12, 60487 Frankfurt/M.
- Zentrum für psychosoziale Beratung und kulturelle Förderung im Tagungshaus Rommerz, A. Bärwinkel, Am Fuchsberg 22, 36119 Rommerz
- Deutscher Verein für öffentliche und private Fürsorge e. V., Am Stockborn 1–3, 60439 Frankfurt/M.